Para:

_____

De:

_____

Fecha:

_____

PROMESAS
de
ESPERANZA
para
MUJERES

*Palabras que fortalecen el alma
y ayudan en el camino
de la vida.*

WORTHY®
Latino

Introducción

La esperanza que el mundo ofrece es fugaz e imperfecta. La esperanza que Dios ofrece es inmutable, inconmovible e interminable. No es sorprendente, entonces, que cuando buscamos seguridad en recursos del mundo, nuestras esperanzas son a menudo aplastadas. Afortunadamente, Dios no tiene tal historial de fracaso.

Como toda mujer sabe, la vida en el mundo actual tan frenético puede ser tan demandante y tan confusa, que se hace fácil perder de vista, al menos temporalmente, la esperanza que siempre está a disposición de quienes han decidido seguir a Cristo. Las ideas en este libro sirven como recordatorio de la abundancia, tanto aquí en la tierra como en el cielo, que Dios ofrece a todos los creyentes, incluida tú.

Este tesoro de ensayos, citas y versículos de la Biblia tiene intención de recordarte el poderoso papel que la esperanza puede desempeñar en tu vida y en las vidas de tus seres queridos. Así que hoy, al embarcarte en la siguiente etapa del viaje de tu vida, considera las palabras del salmista: "Oh Señor, sólo tú eres mi esperanza; en ti he confiado" (Salmos 71:5, NTV). Entonces, haz tú lo mismo.

Capítulo 1

La promesa de esperanza

¡Tú guardarás en perfecta paz a todos los que confían en ti; a todos los que concentran en ti sus pensamientos!

Isaías 26:3, NTV

Como toda mujer sabe, la esperanza es un bien perecedero. A pesar de las promesas de Dios, a pesar del amor de Cristo, y a pesar de nuestras incontables bendiciones, los frágiles seres humanos podemos aun así perder la esperanza de vez en cuando. Cuando lo hacemos, necesitamos el aliento de amigos cristianos, el poder transformador de la oración, y la verdad sanadora de la Santa Palabra de Dios. Si nos encontramos cayendo en las trampas espirituales de la preocupación y el desánimo, deberíamos buscar el toque sanador de Jesús y las alentadoras palabras de otros cristianos. Aunque este mundo pueda ser un lugar de pruebas y luchas, Dios nos ha prometido paz, gozo y vida eterna si nos entregamos a Él.

Más de la Palabra de Dios

Mantengamos firme la esperanza que profesamos, porque fiel es el que hizo la promesa.

Hebreos 10:23, NVI

Yo, Señor, espero en ti; tú, Señor y Dios mío, serás quien responda.

Salmos 38:15, NVI

Bueno es Jehová a los que en él esperan, al alma que le busca. Bueno es esperar en silencio la salvación de Jehová.

Lamentaciones 3:25-26, RVR-1960

Que el Dios de la esperanza los llene de toda alegría y paz a ustedes que creen en él, para que rebosen de esperanza por el poder del Espíritu Santo.

Romanos 15:13, NVI

Nunca te rindas a la anticipación pesimista. Pon tu esperanza y confianza en Dios. Él no tiene historial alguno de fracaso.

Sra. de Charles E. Cowman

Lo mejor que podemos esperar en esta vida es un pequeño vistazo de las brillantes realidades que nos esperan. Sin embargo, un vistazo es suficiente. Es suficiente para convencer a nuestros corazones de que cualquier sufrimiento y tristeza que nos asaltan actualmente no es digno de comparación con lo que espera al otro lado del horizonte.

Joni Eareckson Tada

El amor es la semilla de toda esperanza. Es el incentivo para confiar, arriesgarse, probar y seguir adelante.

Gloria Gaither

Ten esperanza

Ya que Dios ha prometido guiarnos y protegernos, ahora y para siempre, nunca deberías perder la esperanza.

Capítulo 2

Confianza en las promesas de Dios

Ustedes necesitan perseverar para que, después de haber cumplido la voluntad de Dios, reciban lo que él ha prometido.
Hebreos 10:36, NVI

Qué esperas del día que tienes por delante? ¿Estás esperando que Dios haga cosas maravillosas, o estás viviendo bajo una nube de aprensión y dudas? Las familiares palabras de Salmos 118:24 nos recuerdan una verdad profunda y a la vez sencilla: "Este es el día que hizo el Señor; nos gozaremos y alegraremos en él" (NTV).

Para los creyentes cristianos, cada día comienza y termina con el Hijo de Dios y las promesas de Dios. Cuando aceptamos a Cristo en nuestros corazones, Dios nos promete la oportunidad de paz terrenal y abundancia espiritual. Pero más importante, Dios nos promete el valioso regalo de la vida eterna.

Al afrontar los inevitables desafíos de la vida aquí en la tierra, debemos armarnos con las promesas de la Santa Palabra de Dios. Cuando lo hacemos, podemos esperar lo mejor, no sólo para el día que tenemos delante, sino también para toda la eternidad.

Más de la Palabra de Dios

Oh Señor, por siempre cantaré la grandeza de tu amor; por todas las generaciones proclamará mi boca tu fidelidad.

Salmos 89:1, NVI

¡El fiel amor del Señor nunca se acaba! Sus misericordias jamás terminan. Grande es su fidelidad; sus misericordias son nuevas cada mañana.

Lamentaciones 3:22-23, NTV

Porque el Señor es bueno y su gran amor es eterno; su fidelidad permanece para siempre.

Salmos 100:5, NVI

Dios nunca te dejará hundirte bajo tus circunstancias. Él siempre proporciona una red de seguridad y su amor siempre rodea.

Barbara Johnson

Solamente cree, no temas. Nuestro Maestro, Jesús, siempre nos cuida, y sin importar cuál sea la persecución, Jesús sin duda la vencerá.

Lottie Moon

Puede que nuestro futuro se vea temerosamente intimidante; sin embargo, podemos mirar al Ingeniero del universo, con confianza en que nada escapa de su atención o se desliza inadvertidamente del control de esas fuertes manos.

Elisabeth Elliot

Encontrar valentía

Dios te ha hecho muchas promesas, y Él cumplirá cada una de ellas. Tu tarea es confiar en las promesas de Dios y vivir valientemente.

Capítulo 3

Encontrar valentía

Sé fuerte y valiente y haz el trabajo. No tengas miedo ni te desanimes, porque el Señor Dios, mi Dios, está contigo. Él no te fallará ni te abandonará.

1 Crónicas 28:20, NTV

La vida puede ser difícil y desalentadora a veces. Durante nuestros momentos más oscuros, podemos depender de nuestros amigos y familiares, y de Dios. Cuando lo hacemos, encontramos la valentía para afrontar incluso los días más oscuros con corazones esperanzados y manos dispuestas.

Eleanor Roosevelt aconsejó: "Obtenemos fortaleza, valentía y confianza con cada gran experiencia en la cual realmente nos detenemos para mirar a la cara al temor. Somos capaces de decirnos a nosotros mismos: 'Superé este horror. Puedo hacer lo siguiente que llegue'. Debemos hacer aquello que creemos que no podemos hacer".

Por lo tanto, la próxima vez que veas que tu valentía es probada hasta el límite, recuerda que probablemente eres más fuerte de lo que crees. Y recuerda: con tú misma, tus amigos, tu familia y tu Dios trabajando juntos, no tienes nada que temer.

Más de la Palabra de Dios

Pues Dios no nos ha dado un espíritu de timidez, sino de poder, de amor y de dominio propio. Así que no te avergüences de dar testimonio de nuestro Señor, ni tampoco de mí, que por su causa soy prisionero. Al contrario, tú también, con el poder de Dios, debes soportar sufrimientos por el evangelio.

1 Timoteo 1:7-8, NVI

Así que, ¡sean fuertes y valientes, ustedes los que ponen su esperanza en el Señor!

Salmos 31:24, NTV

—¿Por qué tienen miedo?—preguntó Jesús—. ¡Tienen tan poca fe! Entonces se levantó y reprendió al viento y a las olas y, de repente, hubo una gran calma.

Mateo 8:26, NTV

Al igual que la valentía es fe en lo bueno, así el desaliento es fe en lo malo, y mientras que la valentía abre la puerta al bien, el desaliento abre la puerta al mal.

Hannah Whitall Smith

¿Qué es valentía? Es la capacidad de ser fuerte en confianza, en convicción, en obediencia. Ser valiente es dar un paso de fe; confiar y obedecer, a pesar de todo.

Kay Arthur

Si una persona teme a Dios, él o ella no tiene motivo alguno para temer nada. Por otro lado, si una persona no teme a Dios, entonces el temor se convierte en un modo de vida.

Beth Moore

Confía en Él

Si confías en Dios por completo y sin reserva, tienes todos los motivos en la tierra, y en el cielo, para vivir valientemente. Y eso es precisamente lo que deberías hacer.

Capítulo 4

Dios primero

No tengas otros dioses además de mí.

Éxodo 20:3, NVI

Cuando pienses en la naturaleza de tu relación con Dios, recuerda esto: siempre tendrás algún tipo de relación con Él; es inevitable que debas vivir tu vida en una relación con Dios. La pregunta no es si tendrás una relación con Él; la ardiente pregunta es si esa relación será una que busque honrarle… o no.

¿Estás dispuesta a poner a Dios en primer lugar en tu vida? Y ¿estás dispuesta a darle la bienvenida a tu corazón? A menos que puedas responder sinceramente estas preguntas con un sonoro sí, entonces tu relación con Dios no es lo que podría ser o debería ser. Afortunadamente, Dios está siempre disponible, Él siempre está listo para perdonar, y está esperando oír de ti ahora. El resto, desde luego, te corresponde a ti.

Más de la Palabra de Dios

Esto es lo que pido en oración: que el amor de ustedes abunde cada vez más en conocimiento y en buen juicio, para que disciernan lo que es mejor, y sean puros e irreprochables para el día de Cristo.

Filipenses 1:9-10, NVI

Mas buscad primeramente el reino de Dios y su justicia, y todas estas cosas os serán añadidas.

Mateo 6:33, RVR-1960

Dirigiéndose a todos, declaró: —Si alguien quiere ser mi discípulo, que se niegue a sí mismo, lleve su cruz cada día y me siga. Porque el que quiera salvar su vida, la perderá; pero el que pierda su vida por mi causa, la salvará.

Lucas 9:23-24, NVI

Despojémonos del lastre que nos estorba, en especial del pecado que nos asedia, y corramos con perseverancia la carrera que tenemos por delante. Fijemos la mirada en Jesús, el iniciador y perfeccionador de nuestra fe.

Hebreos 12:1-2, NVI

Si Dios tiene el poder de crear y sostener el universo, es más que capaz de sostener tu matrimonio y tu ministerio, tu fe y tus finanzas, tu esperanza y tu salud.

Anne Graham Lotz

El amor tiene su fuente en Dios, porque el amor es la esencia misma de su ser.

Kay Arthur

Cuando acudimos al Señor en nuestra nada, nuestra impotencia y nuestra desesperanza, es cuando Él entonces nos capacita para amar de una manera que, sin Él, sería absolutamente imposible.

Elisabeth Elliot

Guarda tu corazón

Debes guardar tu corazón poniendo a Dios en su lugar legítimo: el primer lugar.

Capítulo 5

La promesa de sabiduría

Si a alguno de ustedes le falta sabiduría, pídasela a Dios, y él se la dará, pues Dios da a todos generosamente sin menospreciar a nadie. Pero que pida con fe, sin dudar, porque quien duda es como las olas del mar, agitadas y llevadas de un lado a otro por el viento.

Santiago 1:5-6, NVI

¿Dónde encontraremos sabiduría hoy? ¿La buscaremos en Dios o en el mundo? Como mujer atenta y considerada que vive en una sociedad llena de tentaciones y distracciones, sabes que la marca de "sabiduría" del mundo está en todas partes... y es peligrosa. Vivimos en un mundo donde es demasiado fácil alejarse de la fuente suprema de sabiduría: la Santa Palabra de Dios.

Cuando te comprometas al estudio diario de la Palabra de Dios, y cuando vivas de acuerdo a sus mandamientos, llegarás a ser sabia... con el tiempo. Pero no esperes abrir tu Biblia hoy y ser sabia mañana.

La sabiduría no es como los hongos; no brota de la noche a la mañana. En cambio, es como un majestuoso roble que comienza siendo un diminuto nudo, crece y se convierte en un retoño, y finalmente llega hasta el cielo, alto y fuerte.

Hoy y cada día, como manera de entender el plan de Dios para tu vida, deberías estudiar su Palabra y vivir guiada por ella. Cuando lo hagas, acumularás un granero de sabiduría que enriquecerá tu propia vida y las vidas de tus familiares, de tus amigos y del mundo.

Más de la Palabra de Dios

Te haré entender, y te enseñaré el camino en que debes andar; sobre ti fijaré mis ojos.

Salmos 32:8, RVR-1960

La sabiduría es lo primero. ¡Adquiere sabiduría! Por sobre todas las cosas, adquiere discernimiento.

Proverbios 4:7, NVI

Alegre es el que encuentra sabiduría, el que adquiere entendimiento.

Proverbios 3:13, NTV

Si descuidamos la Biblia, no podemos esperar beneficiarnos de la sabiduría y dirección que resultan de conocer la Palabra de Dios.

Vonette Bright

El conocimiento puede encontrarse en libros o en la escuela. La sabiduría, por otro lado, comienza con Dios… y termina ahí.

Marie T. Freeman

Este es mi canto en interminables épocas: Jesús me guió todo el camino.

Fanny Crosby

Sabiduría es conocimiento aplicado. El conocimiento mental es inútil en el campo de batalla. El conocimiento grabado en el corazón hace sabia a la persona.

Beth Moore

Confiar en la sabiduría de Él

Dios pone a nuestra disposición su sabiduría. Nuestra tarea es reconocer, entender y (sobre todo) usar esa sabiduría.

Capítulo 6

El poder de la oración

Gozosos en la esperanza; sufridos en la tribulación; constantes en la oración.

Romanos 12:12, RVR-1960

En su segundo viaje misionero, Pablo comenzó una pequeña iglesia en Tesalónica. Poco tiempo después, escribió una carta con la intención de alentar a los nuevos creyentes en esa iglesia. Hoy día, casi dos mil años después, 1 Tesalonicenses sigue siendo una guía poderosa y práctica para la vida cristiana.

En su carta, Pablo aconsejó a los miembros de la nueva iglesia: "oren sin cesar". Su consejo se aplica a los cristianos de toda generación. Cuando consultamos a Dios hora a hora, nos ponemos a disposición de su sabiduría, su fortaleza y su amor. Como observó Corrie ten Boom: "Cualquier afán que sea demasiado pequeño para convertirlo en una oración es demasiado pequeño para convertirlo en una carga".

Hoy, en lugar de dar vueltas a las cosas en tu mente, entrégalas a Dios en oración. En lugar de preocuparte por tu siguiente decisión, pide a Dios que dirija el camino. No limites tus oraciones a las comidas o cuando te vas a dormir. Conviértete en una mujer de oración constante. Dios está escuchando, y Él quiere oír de ti. Ahora.

Más de la Palabra de Dios

Estén siempre alegres, oren sin cesar, den gracias a Dios en toda situación, porque esta es su voluntad para ustedes en Cristo Jesús.

1 Tesalonicenses 5:16-18, NVI

La oración eficaz del justo puede mucho.

Santiago 5:16, RVR-1960

Por eso les digo: Crean que ya han recibido todo lo que estén pidiendo en oración, y lo obtendrán.

Marcos 11:24, NVI

Busqué al Señor, y él me respondió; me libró de todos mis temores.

Salmos 34:4, NVI

El arrepentimiento quita viejos pecados y malas actitudes, y abre el camino para que el Espíritu Santo restaure nuestra salud espiritual.

Shirley Dobson

En esos momentos desesperados en que sentimos que no nos queda un gramo de fuerzas, Él tiernamente levantará nuestra cabeza para que nuestros ojos puedan contemplar algo; algo que mantendrá viva la esperanza de Él en nosotros.

Kathy Troccoli

Dios es especialista en cosas nuevas y de primera mano. Sus planes para nosotros este año pueden superar a los del pasado. Él está preparado para llenas nuestros días de razones para darle alabanza.

Joni Eareckson Tada

Orar trae recompensa

La oración cambia las cosas y te cambia a ti. Por lo tanto, ora.

Capítulo 7

Considerar la cruz

Pero lejos esté de mí gloriarme, sino en la cruz de nuestro Señor Jesucristo, por quien el mundo me es crucificado a mí, y yo al mundo.

Gálatas 6:14, RVR-1960

Al considerar el sacrificio de Cristo en la cruz, deberíamos estar profundamente humilladas y profundamente agradecidas. Hoy, cuando acudamos a Cristo en oración, deberíamos hacerlo en un espíritu de callada y sincera devoción a Aquel que dio su vida para que pudiéramos tener vida eterna.

Él era el Hijo de Dios, pero llevó una corona de espinas. Él era el Salvador de la humanidad, y sin embargo fue llevado a la muerte en una tosca cruz hecha de madera. Él ofreció su toque sanador a un mundo no salvado, y sin embargo las mismas manos que habían sanado enfermos y resucitado muertos fueron traspasadas con clavos.

Cristo se humilló a sí mismo en una cruz: por ti. Él derramó su sangre: por ti. Él ha ofrecido caminar contigo en esta vida y por toda la eternidad. Cuando te acerques a Él hoy en oración, piensa en su sacrificio y en su gracia. Y sé humilde.

Más de la Palabra de Dios

Porque también Cristo padeció una sola vez por los pecados, el justo por los injustos, para llevarnos a Dios, siendo a la verdad muerto en la carne, pero vivificado en espíritu.

1 Pedro 3:18, RVR-1960

Y de la manera que está establecido para los hombres que mueran una sola vez, y después de esto el juicio, así también Cristo fue ofrecido una sola vez para llevar los pecados de muchos; y aparecerá por segunda vez, sin relación con el pecado, para salvar a los que le esperan.

Hebreos 9:27-28, RVR-1960

Porque Cristo, cuando aún éramos débiles, a su tiempo murió por los impíos.

Romanos 5:6, RVR-1960

Jesús descendió del cielo, revelando exactamente cómo es Dios, ofreciendo vida eterna y una relación personal con Dios, con la condición de nuestro nuevo nacimiento; un renacimiento hecho posible mediante su propia muerte en la cruz.

Anne Graham Lotz

Dios es mi Padre celestial. Él me ama con amor eterno. La prueba de eso es la cruz.

Elisabeth Elliot

El madero más pesado de la cruz está siempre sobre sus hombros. Si Él nos pide que llevemos una carga, Él también la lleva.

C. H. Spurgeon

Considerar la cruz

La salvación que Jesús proporcionó en la cruz es gratuita para nosotros, pero a Él le costó mucho. Nunca debemos dar por sentado su sacrificio.

Capítulo 8

Estudia su Palabra

Serás un buen servidor de Cristo Jesús, nutrido con las verdades de la fe y de la buena enseñanza que paso a paso has seguido.

1 Timoteo 4:6, NVI

La Palabra de Dios es distinta a cualquier otro libro. La Biblia es un mapa de ruta para la vida aquí en la tierra y para la vida eterna. Como cristianas, somos llamadas a estudiar la Santa Palabra de Dios, confiar en sus promesas, seguir sus mandamientos, y compartir sus buenas noticias con el mundo.

Como mujeres que buscamos seguir los pasos del Hombre de Galilea, debemos estudiar la Biblia y meditar en su significado para nuestras vidas. De otro modo, nos privamos a nosotras mismas de un valioso regalo de nuestro Creador. La Santa Palabra de Dios es, ciertamente, un tesoro transformador y único. Y una familiaridad superficial con el buen Libro es insuficiente para el cristiano que busca obedecer la Palabra de Dios y entender su voluntad.

Más de la Palabra de Dios

Toda la Escritura es inspirada por Dios, y útil para enseñar, para redargüir, para corregir, para instruir en justicia, a fin de que el hombre de Dios sea perfecto, enteramente preparado para toda buena obra.

2 Timoteo 3:16-17, RVR-1960

A la verdad, no me avergüenzo del evangelio, pues es poder de Dios para la salvación de todos los que creen.

Romanos 1:16, NVI

No sólo de pan vivirá el hombre, sino de toda palabra que sale de la boca de Dios.

Mateo 4:4, RVR-1960

El cielo y la tierra pasarán, pero mis palabras jamás pasarán.

Mateo 24:35, NVI

Entreteje el velo de la Palabra de Dios en tu corazón y tu mente. Permanecerá fuerte, incluso si el resto de la vida se desenmaraña.

Gigi Graham Tchividjian

Necesito el avivamiento espiritual que viene de pasar tiempo a solas con Jesús en oración y en tranquila meditación en su Palabra.

Anne Graham Lotz

Dios puede ver claramente sin importar lo oscura o brumosa que sea la noche. Confía en que su Palabra te guiará con seguridad a casa.

Lisa Whelchel

Estudia su Palabra

En tu estante tienes el mapa de ruta de Dios para la vida aquí en la tierra y para la vida eterna. El modo en que escojas usar tu Biblia es, desde luego, decisión tuya… y también lo son las consecuencias.

Capítulo 9

Tu devocional diario

Todas las mañanas me despierta, y también me despierta el
oído, para que escuche como los discípulos. El Señor omnipo-
tente me ha abierto los oídos.

Isaías 50:4-5, NVI

ada nuevo día es un regalo de Dios, y si somos sabias, pasaremos unos momentos de quietud cada
mañana dando gracias al Dador. La vida diaria
está entretejida con las hebras del hábito, y ningún
hábito es más importante para nuestra salud espiritual
que la disciplina de la oración diaria y la devoción al
Creador.

Cuando comenzamos cada día con la cabeza inclinada
y el corazón levantado, nos recordamos a nosotras mismas
el amor de Dios, su protección y sus mandamientos.
Y si somos sabias, pondremos en consonancia
nuestras prioridades para el día con las
enseñanzas y los mandamientos que Dios
nos ha dado mediante su Santa Palabra.

¿Estás buscando cambiar algún aspecto de tu vida? ¿Buscas mejorar el estado de tu salud espiritual o física? Si es así, pide la ayuda de Dios y pídela muchas veces cada día… comenzando con tu devocional matutino.

Más de la Palabra de Dios

¡Cuán bueno, Señor, es darte gracias y entonar, oh Altísimo, salmos a tu nombre!

Salmos 92:1, NVI

En Dios solamente está acallada mi alma; de él viene mi salvación.

Salmos 62:1, RVR-1960

Que las palabras de mi boca y la meditación de mi corazón sean de tu agrado, oh Señor, mi roca y mi redentor.

Salmos 19:14, NTV

Rechaza las leyendas profanas y otros mitos semejantes. Más bien, ejercítate en la piedad.

1 Timoteo 4:7, NVI

Nos inmiscuimos en los asuntos de Dios cuando permitimos todo tipo de imaginaciones, prediciendo desastre, contemplando posibilidades en lugar de seguir, día a día, el sencillo y claro camino de Dios.

Elisabeth Elliot

Jesús nos reta a ti y a mí a mantener nuestro enfoque diariamente en la cruz de su voluntad si queremos ser sus discípulos.

Anne Graham Lotz

Una persona sin vida devocional, por lo general batalla con la fe y la obediencia.

Charles Stanley

Tener regularidad

Necesitas una cita regular con tu Creador. Dios está listo para hablarte, y deberías prepararte cada mañana para hablar con Él.

Capítulo 10

Decide ser generosa

Cada uno debe dar según lo que haya decidido en su corazón, no de mala gana ni por obligación, porque Dios ama al que da con alegría.

2 Corintios 9:7, NVI

¿Quieres mejorar tu autoestima? Entonces asegúrate de ser una persona generosa. Cuando das generosamente a quienes necesitan tu ayuda, Dios bendecirá tus esfuerzos y enriquecerá tu vida. Por lo tanto, si estás buscando una manera de éxito seguro para mejorar la calidad de tu día o de tu vida, aquí está: encuentra maneras de compartir tus bendiciones.

Dios recompensa la generosidad tan ciertamente como castiga el pecado. Si nos convertimos en discípulas generosas en el servicio de nuestro Señor, Dios nos bendice de maneras que no podemos entender totalmente. Pero si nos permitimos llegar a ser tacañas y miserables, ya sea con nuestras posesiones o con nuestro amor, nos privamos a nosotras mismas de la abundancia espiritual que de otro modo sería nuestra.

¿Buscas la abundancia de Dios y su paz? Entonces comparte las bendiciones que Dios te ha dado. Comparte tus posesiones, comparte tu fe, comparte tu testimonio, y comparte tu amor. Dios no espera menos, y Él no merece menos. Y cuando lo piensas, tampoco merece menos tu prójimo.

Más de la Palabra de Dios

Cada uno ponga al servicio de los demás el don que haya recibido, administrando fielmente la gracia de Dios en sus diversas formas.

1 Pedro 4:10, NVI

Y he sido un ejemplo constante de cómo pueden ayudar con trabajo y esfuerzo a los que están en necesidad. Deben recordar las palabras del Señor Jesús: "Hay más bendición en dar que en recibir".

Hechos 20:35, NTV

Echa tu pan sobre las aguas; porque después de muchos días lo hallarás.

Eclesiastés 11:1, RVR-1960

Toda bondad y buenas obras debemos mantener en silencio. El resultado será una reserva interior de poder.

Catherine Marshall

La medida de una vida, después de todo, no es su duración sino su donación.

Corrie ten Boom

Como fieles administradores de lo que tenemos, ¿no debiéramos pensar seriamente en nuestro asombroso sobrante?

Elisabeth Elliot

¿Cuál es tu enfoque hoy? El gozo llega cuando está Jesús primero, los demás después… y entonces tú.

Kay Arthur

Sé generosa

Dios te ha dado incontables bendiciones… y Él quiere que las compartas.

Capítulo 11

La perspectiva adecuada

*Hermanos, todo esto lo he aplicado a Apolos y a mí mismo
para beneficio de ustedes, con el fin de que aprendan de nosotros aquello de «no ir más allá de lo que está escrito». Así
ninguno de ustedes podrá engreírse de haber favorecido al
uno en perjuicio del otro.*

1 Corintios 4:6, NVI

Si una pérdida temporal de perspectiva te ha dejado
preocupada, agotada, o ambas cosas, es momento de reajustar tus patrones de pensamiento. Los
pensamientos negativos forman hábito; afortunadamente, también lo hacen los positivos. Con la práctica,
puedes formar el hábito de enfocarte en las prioridades
de Dios y en tus propias posibilidades. Cuando lo hagas, pronto descubrirás que pasarás menos tiempo
preocupándote por tus desafíos y más tiempo
alabando a Dios por sus dones.

Cuando clames al Señor y busques su
voluntad en oración, Él te dará sabiduría y
perspectiva. Cuando hagas que las prioridades de Dios

sean tus prioridades, Él dirigirá tus pasos y calmará tus temores. Por lo tanto, hoy y cada día a partir de ahora, ora por un sentimiento de equilibrio y perspectiva. Y recuerda: ningún problema es demasiado grande para Dios; y eso incluye el tuyo.

Más de la Palabra de Dios

Ya que han resucitado con Cristo, busquen las cosas de arriba, donde está Cristo sentado a la derecha de Dios.

Colosenses 3:1, NVI

También nos alegramos al enfrentar pruebas y dificultades porque sabemos que nos ayudan a desarrollar resistencia. Y la resistencia desarrolla firmeza de carácter, y el carácter fortalece nuestra esperanza segura de salvación.

Romanos 5:3-4, NTV

Porque siete veces cae el justo, y vuelve a levantarse; mas los impíos caerán en el mal.

Proverbios 24:16, RVR-1960

La actitud es el pincel de la mente; puede dar color a cualquier situación.

Barbara Johnson

Como una sombra que rápidamente se desvanece… se va… como el rocío de la mañana que se disipa con el calor del día; como el viento en las copas de los árboles, como una ola del mar, así son nuestras vidas en la tierra cuando las vemos a la luz de la eternidad.

Ruth Bell Graham

Los temores terrenales no son temores en absoluto. Responde las grandes preguntas de la eternidad, y las pequeñas preguntas de la vida encajan en perspectiva.

Max Lucado

Enfócate en sus promesas

Cuando te enfocas en el mundo, pierdes la perspectiva. Cuando te enfocas en las promesas de Dios, obtienes una perspectiva más clara.

Capítulo 12

El poder de la perseverancia

¡Pero gracias a Dios, que nos da la victoria por medio de nuestro Señor Jesucristo! Por lo tanto, mis queridos hermanos, manténganse firmes e inconmovibles, progresando siempre en la obra del Señor, conscientes de que su trabajo en el Señor no es en vano.

1 Corintios 15:57-58, NVI

Una vida bien vivida es como una maratón, no como una carrera de velocidad; requiere preparación, determinación y, desde luego, mucha perseverancia. Como ejemplo de perseverancia perfecta, los cristianos no necesitamos mirar a nadie excepto a nuestro Salvador, Jesucristo.

Jesús terminó lo que comenzó. A pesar de su sufrimiento y a pesar de la vergüenza de la cruz, Jesús fue perseverante en su fidelidad a Dios. También nosotras debemos permanecer fieles, en especial durante los momentos de dificultad.

A veces, puede que Dios responda nuestras oraciones con silencio, y cuando lo hace, debemos perseverar con paciencia.

¿Estás afrontando una situación difícil? Si es así, recuerda esto: cualquiera que sea tu problema, Dios puede manejarlo. Tu tarea es seguir perseverando hasta que Él lo haga.

Más de la Palabra de Dios

Hermanos, yo mismo no pretendo haberlo ya alcanzado; pero una cosa hago: olvidando ciertamente lo que queda atrás, y extendiéndome a lo que está delante, prosigo a la meta, al premio del supremo llamamiento de Dios en Cristo Jesús.

Filipenses 3:13-14, RVR-1960

Ustedes necesitan perseverar para que, después de haber cumplido la voluntad de Dios, reciban lo que él ha prometido.

Hebreos 10:36, NVI

He peleado la buena batalla, he acabado la carrera, he guardado la fe.

2 Timoteo 4:7, RVR-1960

Tu vida no es un aburrido tramo de autopista; es una línea recta hacia el cielo. Y mira los campos que maduran a lo largo del camino. Mira la tenacidad y la perseverancia. Mira los granos de justicia. Tendrás una cosecha muy buena… por lo tanto, ¡no abandones!

Joni Eareckson Tada

El fracaso es uno de los maestros más poderosos de la vida. El modo en que manejemos nuestros fracasos determina si simplemente "pasaremos" por la vida o "proseguiremos".

Beth Moore

Si las cosas son difíciles, recuerda que toda flor que ha florecido jamás tuvo que soportar mucha tierra y barro para llegar hasta ahí.

Barbara Johnson

El poder de la perseverancia

La vida es un ejercicio de perseverancia. Si perseveras, ganas.

Capítulo 13

Los planes de Dios para ti

Enséñame a hacer tu voluntad, porque tú eres mi Dios. Que tu buen Espíritu me guíe por un terreno sin obstáculos.

Salmos 143:10, NVI

D ios tiene planes para tu vida, pero Él no los forzará sobre ti. Tu Creador te ha dado la capacidad de tomar tus propias decisiones. Con esa libertad viene la responsabilidad de vivir con las consecuencias de tus decisiones.

Si quieres vivir de acuerdo al plan de Dios para tu vida, estudiarás su Palabra, estarás atenta a sus enseñanzas, y también atenta a sus señales. Te relacionarás con otros creyentes que, mediante sus palabras y acciones, te alentarán en tu propio crecimiento espiritual. Evitarás asiduamente estas dos terribles tentaciones: la tentación a pecar y la tentación a desperdiciar tiempo. Y finalmente, escucharás con atención, incluso con reverencia, a la conciencia que Dios ha puesto en tu corazón.

Dios tiene planes gloriosos para tu día y para tu vida. Por lo tanto, mientras realizas tus actividades diarias, mantén abiertos tus ojos y tus oídos... al igual que tu corazón.

Más de la Palabra de Dios

¿Quiénes son los que temen al Señor? Él les mostrará el sendero que deben elegir. Vivirán en prosperidad, y sus hijos heredarán la tierra.

Salmos 25:12-13, NTV

Ahora bien, sabemos que Dios dispone todas las cosas para el bien de quienes lo aman, los que han sido llamados de acuerdo con su propósito.

Romanos 8:28, NVI

El Señor dirige los pasos de los justos; se deleita en cada detalle de su vida. Aunque tropiecen, nunca caerán, porque el Señor los sostiene de la mano.

Salmos 37:23-24, NTV

Dios tiene planes, no problemas, para nuestras vidas. Antes de morir en el campo de concentración en Ravensbruck, mi hermana Betsie me dijo: "Corrie, toda tu vida ha sido un entrenamiento para el trabajo que estás haciendo aquí en la cárcel; y para el trabajo que harás después".

Corrie ten Boom

No olvidemos nunca que algunas de las mayores misericordias de Dios son sus negativas. Él dice no a fin de poder, de alguna manera que no podemos imaginar, decir sí. Todos sus caminos con nosotros son misericordiosos. Su intención es siempre amor.

Elisabeth Elliot

Dios no puede dirigir al individuo que no está dispuesto a darle un cheque en blanco con su vida.

Catherine Marshall

El momento es ahora

Dios tiene un plan para tu vida. Tu tarea es descubrir ese plan y seguirlo.

Capítulo 14

Muchos milagros

Tú eres el Dios que hace maravillas; hiciste notorio en los pueblos tu poder.

Salmos 77:14, RVR-1960

Si no has visto alguno de los milagros de Dios últimamente, es que no has estado mirando. A lo largo de la historia, el Creador ha intervenido en el curso de los eventos humanos de maneras que no pueden explicarse por la ciencia o el raciocinio humano. Y Él lo sigue haciendo en la actualidad.

Los milagros de Dios no están limitados a ocasiones especiales, ni son presenciados por unos cuantos elegidos. Dios realiza sus maravillas a nuestro alrededor: el milagro del nacimiento de un nuevo bebé; el milagro de un mundo que se renueva con cada amanecer; el milagro de vidas transformadas por el amor y la gracia de Dios. Cada día, la obra de Dios es evidente para que todos la vean y experimenten.

Hoy, aprovecha la oportunidad de inspeccionar la mano de Dios obrando. Sus milagros llegan de diversas formas y tamaños, así que mantén abiertos tus ojos y tu corazón. Está atenta, y pronto te sorprenderás.

Más de la Palabra de Dios

Jesús los miró fijamente y dijo: —Humanamente hablando, es imposible, pero no para Dios. Con Dios, todo es posible.

Marcos 10:27, NTV

Antes bien, como está escrito: Cosas que ojo no vio, ni oído oyó, ni han subido en corazón de hombre, son las que Dios ha preparado para los que le aman.

1 Corintios 2:9, RVR-1960

Ciertamente les aseguro que el que cree en mí las obras que yo hago también él las hará, y aun las hará mayores, porque yo vuelvo al Padre.

Juan 14:12, NVI

Cuando afrontamos una situación imposible, toda confianza en uno mismo debe disiparse; debemos depender por completo de Él para obtener los recursos.

Anne Graham Lotz

¿Estás buscando un milagro? Si mantienes tus ojos abiertos y confías en Dios, no tendrás que buscar muy lejos.

Marie T. Freeman

Fe significa creer en realidades que están más allá de los sentidos y la vista. Es la conciencia de realidades divinas invisibles alrededor de nosotros.

Joni Eareckson Tada

Pídele

Dios está en el negocio de hacer cosas milagrosas. Nunca deberías tener miedo a pedirle un milagro.

Capítulo 15

Las buenas nuevas

Que Dios nuestro Padre y el Señor Jesucristo les den gracia y paz.

Filipenses 1:2

La gracia de Dios no se gana… ¡gracias a Dios! Ganarse el amor de Dios y su regalo de la vida eterna estaría muy por encima de las capacidades incluso del hombre o la mujer más justos. Afortunadamente, la gracia no es una recompensa terrenal de la conducta recta y justa; es un bendito regalo espiritual que puede ser aceptado por creyentes que se entregan a Dios por medio de Cristo. Cuando aceptamos a Cristo en nuestros corazones, somos salvos por su gracia.

Las familiares palabras de Efesios 2:8 dejan perfectamente clara la promesa de Dios: hemos sido salvos por gracia, mediante la fe. Somos salvos no por nuestras buenas obras, sino por nuestra fe en Cristo.

La gracia de Dios es el regalo supremo, y le debemos a Él lo supremo en agradecimiento.

Alabemos al Creador por su incalculable regalo, y compartamos las buenas nuevas con todo aquel que se cruce en nuestro camino. Regresamos el amor de nuestro Padre al aceptar su gracia y compartir su mensaje y su amor. Cuando lo hacemos, somos eternamente bendecidas… y el Padre sonríe.

Más de la Palabra de Dios

Pero Dios, que es rico en misericordia, por su gran amor por nosotros, nos dio vida con Cristo, aun cuando estábamos muertos en pecados. ¡Por gracia ustedes han sido salvados!

Efesios 2:4-5, NVI

Bástate mi gracia; porque mi poder se perfecciona en la debilidad.

2 Corintios 12:9, RVR-1960

Y nosotros hemos visto y testificamos que el Padre ha enviado al Hijo, el Salvador del mundo.

1 Juan 4:14, RVR-1960

Creo que el perdón puede convertirse en un ciclo continuo: porque Dios nos perdona, hemos de perdonar a los demás; porque perdonamos a los demás, Dios nos perdona. La Escritura nos presenta ambas partes del ciclo.

Shirley Dobson

Cuando Dios perdona, Él olvida. Entierra nuestros pecados en el mar y pone un cartel en la playa que dice: "No se permite pescar".

Corrie ten Boom

La gracia nos llama a levantarnos, dejar nuestra manta de incapacidad, y proseguir en la vida en fe.

Kay Arthur

El mayor regalo

La gracia de Dios no se gana, sino se regala gratuitamente; qué regalo tan increíble y aleccionador.

Capítulo 16

Escuchar a Dios

El que es de Dios escucha lo que Dios dice. Pero ustedes no escuchan, porque no son de Dios.

Juan 8:47, NVI

A veces, Dios habla alto y claro; con más frecuencia habla con una suave voz y, si eres sabia, estarás escuchando con atención cuando lo haga. Para hacer eso, debes sacar momentos cada día para estudiar su Palabra y sentir su dirección.

¿Puedes aquietarte el tiempo suficiente para escuchar tu conciencia? ¿Estás sintonizada a la sutil guía de tu intuición? ¿Estás dispuesta a orar en silencio y entonces esperar quietamente la respuesta de Dios? Espero que sí. Por lo general, Dios no envía sus mensajes a tablas de piedra o vallas publicitarias de las ciudades. Con mayor frecuencia se comunica de maneras más sutiles. Si deseas sinceramente oír su voz, debes escuchar con atención, y debes hacerlo en los rincones silenciosos de tu corazón tranquilo y dispuesto.

Más de la Palabra de Dios

Escuchen en silencio ante mí.

Isaías 41:1, NTV

Hay bendiciones sobre la cabeza del justo.

Proverbios 10:6, RVR-1960

Confía en el Señor con todo tu corazón, no dependas de tu propio entendimiento. Busca su voluntad en todo lo que hagas, y él te mostrará cuál camino tomar.

Proverbios 3:5-6, NTV

Solamente al Señor tu Dios debes seguir y rendir culto. Cumple sus mandamientos y obedécelo; sírvele y permanece fiel a él.

Deuteronomio 13:4, NVI

Cuando acudimos a Jesús libres de pretensiones, con un espíritu necesitado, listos para escuchar, Él tiene un encuentro con nosotros en el punto de necesidad.

Catherine Marshall

El centro del poder no ha de encontrarse en cumbres o en conferencias de paz. No está en Pekín, Washington o las Naciones Unidas, sino más bien donde un hijo de Dios ora en el poder del Espíritu para que se haga la voluntad de Dios en su vida, en su hogar y en el mundo que le rodea.

Ruth Bell Graham

Debemos dejar en manos de Dios el responder nuestras oraciones a su sabia manera. A veces, somos muy impacientes y pensamos que Dios no responde. ¡Dios siempre responde! ¡Él nunca falla! Está tranquila. Permanece en Él.

Sra. de Charles E. Cowman

Escuchar a Dios

Dios está intentando captar tu atención. ¿Estás escuchando?

Capítulo 17

Apasionada respecto a tu camino

*No lo hagan sólo cuando los estén mirando, como los que
quieren ganarse el favor humano, sino como esclavos de Cristo, haciendo de todo corazón la voluntad de Dios. Sirvan de
buena gana, como quien sirve al Señor y no a los hombres.*

Efesios 6:6-7, NVI

¿Ves cada día como una gloriosa oportunidad
de servir a Dios y hacer su voluntad? ¿Estás
entusiasmada por la vida, o batallas cada día
sin ni siquiera pensar en las bendiciones de Dios? ¿Estás
constantemente alabando a Dios por sus regalos, y estás
compartiendo sus buenas nuevas con el mundo? ¿Y estás emocionada por las posibilidades de servicio que
Dios ha puesto delante de ti, ya sea en casa, en el
trabajo, en la iglesia o en la escuela? Deberías
estarlo.

Tú eres la receptora del amor sacri-
ficial de Cristo. Acéptalo con entusiasmo

y compártelo con fervor. Jesús merece tu entusiasmo; el mundo lo merece; y tú mereces la experiencia de compartirlo.

Más de la Palabra de Dios

Trabajen de buena gana en todo lo que hagan, como si fuera para el Señor y no para la gente.

Colosenses 3:23, NTV

Nunca dejen de ser diligentes; antes bien, sirvan al Señor con el fervor que da el Espíritu.

Romanos 12:11, NVI

Y todo lo que te venga a la mano, hazlo con todo empeño.

Eclesiastés 9:10, NVI

He visto, pues, que nada hay mejor para el hombre que disfrutar de su trabajo, ya que eso le ha tocado. Pues, ¿quién lo traerá para que vea lo que sucederá después de él?

Eclesiastés 3:22, NVI

Dios es el dador, y nosotros somos los receptores. Y sus abundantes regalos se otorgan no a quienes hacen las cosas más grandes, sino a quienes aceptan la abundancia de Él y su gracia.

Hannah Whitall Smith

Vivir la vida con un caminar espiritual coherente tiene una profunda influencia en quienes más amamos.

Vonette Bright

Tu luz es la luz del mensaje del evangelio mismo al igual que tu testimonio en cuanto a quién es Jesús y lo que Él ha hecho por ti. No lo ocultes.

Anne Graham Lotz

¡Sé entusiasta!

Cuando te entusiasmes genuinamente por tu vida y tu fe, guardarás tu corazón y mejorarás tu vida.

Capítulo 18

El tipo correcto de temor

Así que, recibiendo nosotros un reino inconmovible, tengamos gratitud, y mediante ella sirvamos a Dios agradándole con temor y reverencia.

Hebreos 12:28, RVR-1960

¿Eres una mujer que posee un respeto sano y temeroso por el poder de Dios? Espero que así sea. Después de todo, la Palabra de Dios enseña que el temor del Señor es el principio del conocimiento (Proverbios 1:7).

Cuando tememos al Creador, y cuando le honramos al obedecer sus mandamientos, recibimos la aprobación de Dios y sus bendiciones. Pero cuando le ignoramos o desobedecemos sus mandamientos, invitamos consecuencias desastrosas.

La mano de Dios da forma al universo, y da forma a nuestras vidas. Dios mantiene la absoluta soberanía sobre su creación, y su poder está por encima de toda comprensión. El temor del Señor es, sin duda, el principio del conocimiento. Pero afortunadamente, cuando poseemos un temor del Señor sano y reverente, no tenemos que tener temor nunca de ninguna otra cosa.

Más de la Palabra de Dios

Den a todos el debido respeto: amen a los hermanos, teman a Dios, respeten al rey.

1 Pedro 2:17, NVI

Teme al Señor tu Dios, sírvele solamente a él, y jura sólo en su nombre.

Deuteronomio 6:13, NVI

El temor del Señor es el principio del conocimiento.

Proverbios 1:7, NVI

El temor del Señor es fuente de vida, y aleja al hombre de las redes de la muerte.

Proverbios 14:27, NVI

No es posible que hombres mortales pudieran ser profundamente conscientes de la presencia divina sin llenarse de temor y reverencia.

C. H. Spurgeon

Saber que Dios gobierna sobre todo, que no hay accidentes en la vida, que ninguna táctica de Satanás o del hombre puede nunca frustrar la voluntad de Dios, produce consuelo divino.

Kay Arthur

Lo notable de temer a Dios es que cuando tememos a Dios, no tememos nada más, mientras que si no tememos a Dios, tememos todo lo demás.

Oswald Chambers

El tipo correcto de temor

Si tienes un sano temor de Dios, eres sabia; si no lo tienes, no lo eres.

Capítulo 19

Cuando tienes dudas

Si a alguno de ustedes le falta sabiduría, pídasela a Dios, y él se la dará, pues Dios da a todos generosamente sin menospreciar a nadie. Pero que pida con fe, sin dudar, porque quien duda es como las olas del mar, agitadas y llevadas de un lado a otro por el viento.

Santiago 1:5-6, NVI

Si nunca has tenido ninguna duda sobre tu fe, entonces puedes dejar de leer esta página ahora y pasar a la siguiente. Pero si has estado plagada de dudas sobre tu fe o tu Dios, sigue leyendo.

Incluso algunos de los cristianos más fieles son a veces asaltados por ataques ocasionales de desaliento y dudas. Pero incluso cuando nos sentimos muy lejos de Dios, Dios nunca está muy lejos de nosotras. Él está siempre con nosotras, siempre dispuesto a calmar las tormentas de la vida, siempre dispuesto a sustituir nuestras dudas por consuelo y seguridad.

Siempre que estés plagada de dudas, ese es precisamente el momento en que deberías buscar la presencia de Dios buscando genuinamente establecer una relación más profunda y significativa con su Hijo. Entonces puedes descansar segura de que, a su tiempo, Dios calmará tus temores, responderá tus oraciones, y restaurará tu confianza.

Más de la Palabra de Dios

E inmediatamente el padre del muchacho clamó y dijo: Creo; ayuda mi incredulidad.

Marcos 9:24, RVR-1960

Cuando en mí la angustia iba en aumento, tu consuelo llenaba mi alma de alegría.

Salmos 94:19, NVI

Entonces Jesús le dijo: —Tú crees porque me has visto, benditos los que creen sin verme.

Juan 20:29, NTV

Somos más vulnerables a los penetrantes vientos de la duda cuando nos distanciamos de la misión y la comunión a las cuales Cristo nos ha llamado.

Joni Eareckson Tada

El temor y la duda son conquistados por una fe que se goza. Y la fe puede gozarse porque las promesas de Dios son tan seguras como Dios mismo.

Kay Arthur

El Espíritu Santo no es escéptico, y las cosas que ha escrito en nuestros corazones no son dudas u opiniones, sino afirmaciones: más seguras y más certeras que el sentimiento de la vida misma.

Martín Lutero

Confronta tus dudas

Cuando tengas temores o dudas, no las ignores. Habla con familiares, con amigos y, lo más importante, con Dios.

Capítulo 20

Grandes sueños

Al que puede hacer muchísimo más que todo lo que podamos imaginarnos o pedir, por el poder que obra eficazmente en nosotros.

Efesios 3:20, NVI

¿Estás dispuesta a entretener la posibilidad de que Dios tenga grandes planes preparados para ti? Espero que sí. Sin embargo, a veces, en especial si has experimentado recientemente un desengaño que ha alterado tu vida, puede que te resulte difícil imaginar un futuro más brillante para ti misma y para tu familia. Si es así, es momento de reconsiderar tus propias capacidades… y las de Dios.

Tu Padre celestial te creó con dones únicos y talentos sin descubrir; tu tarea es descubrirlos. Cuando lo hagas, comenzarás a tener un mayor sentimiento de confianza en ti misma y en tu futuro.

Se necesita valentía para soñar grandes sueños. Descubrirás esa valentía cuando hagas tres cosas:

aceptar el pasado, confiar en Dios para que se ocupe del futuro, y aprovechar al máximo el tiempo que Él te ha dado hoy.

Nada es demasiado difícil para Dios, y ningún sueño es demasiado grande para Él, ni siquiera el tuyo. Por lo tanto, comienza a vivir, y a soñar, en consonancia.

Más de la Palabra de Dios

Mi propósito es darles una vida plena y abundante.

Juan 10:10, NTV

Es agradable ver que los sueños se hacen realidad, pero los necios se niegan a abandonar el mal para alcanzarlos.

Proverbios 13:19, NTV

Donde no hay visión, el pueblo se extravía.

Proverbios 29:18, NVI

Así que, ¡sean fuertes y valientes, ustedes los que ponen su esperanza en el Señor!

Salmos 31:24, NTV

Permite a tus sueños un lugar en tus oraciones y planes. Los sueños dados por Dios pueden ayudarte a avanzar hacia el futuro que Él está preparando para ti.

Barbara Johnson

El futuro está todo delante de nosotros. ¿Será sólo un ligero avance sobre lo que hacemos normalmente? ¿No debiera ser un salto hacia delante, a altitudes de empresa y éxito que antes no habíamos soñado?

Annie Armstrong

Permanece siempre conectada a personas y busca cosas que te causen gozo. Sueña con abandono. Ora con confianza.

Barbara Johnson

Ten esperanza y sueña en grande

Puedes soñar grandes sueños, pero nunca puedes sobrepasar en sueños a Dios. Sus planes para ti son incluso mayores de lo que puedes imaginar.

Capítulo 21

Sé una cristiana gozosa

Hazme oír gozo y alegría.

Salmos 51:8, RVR-1960

B arbara Johnson dice: "Tienes que buscar el gozo. Busca la luz de Dios que está alumbrando tu vida, y encontrarás rayos que no sabías que estaban ahí".

¿Has experimentado ese tipo de gozo? Ojalá lo hayas hecho, porque no es suficiente con oír a alguien hablar sobre estar gozosa; tienes que experimentar realmente ese tipo de gozo a fin de entenderlo.

¿Deberías esperar ser una mujer llena de gozo las 24 del día, siete días por semana, desde este momento en adelante? No. Pero puedes (y deberías) experimentar periodos de gozo frecuentemente; ese es el tipo de vida llena de gozo que una mujer como tú merece vivir.

Más de la Palabra de Dios

Regocíjense por su santo nombre; alégrense ustedes, los que adoran al Señor. Busquen al Señor y su fuerza, búsquenlo continuamente.

1 Crónicas 16:10-11, NTV

Nosotros la hemos visto y damos testimonio de ella, y les anunciamos a ustedes la vida eterna que estaba con el Padre y que se nos ha manifestado. Les anunciamos lo que hemos visto y oído, para que también ustedes tengan comunión con nosotros. Y nuestra comunión es con el Padre y con su Hijo Jesucristo.

1 Juan 1:2-3, NVI

Estad siempre gozosos. Orad sin cesar. Dad gracias en todo, porque esta es la voluntad de Dios para con vosotros en Cristo Jesús.

1 Tesalonicenses 5:16-18, RVR-1960

Les he dicho esto para que tengan mi alegría y así su alegría sea completa.

Juan 15:11, NVI

El gozo está a disposición de todo aquel que busque las riquezas de Él. La clave del gozo se encuentra en la persona de Jesucristo y en su voluntad.

Kay Arthur

El estilo de vida cristiano no es uno de legalismo de cosas que hacer y no hacer, sino que es positivo, atractivo y gozoso.

Vonette Bright

Si eres un cristiano que piensa, serás un cristiano gozoso.

Marie T. Freeman

Puede que no haya toque de trompeta o un gran aplauso cuando tomamos una decisión correcta, tan sólo un calmado sentimiento de resolución y paz.

Gloria Gaither

Sé una cristiana gozosa

Cada día, Dios te da causa para gozarte. Y el resto te corresponde a ti.

Capítulo 22

Ser una sierva

¡Sé fuerte y valiente, y pon manos a la obra! No tengas miedo ni te desanimes, porque Dios el Señor, mi Dios, estará contigo. No te dejará ni te abandonará hasta que hayas terminado toda la obra del templo del Señor.

1 Crónicas 28:20, NVI

Jesús enseña que los hombres y las mujeres más estimados no son los líderes de la sociedad que se congratulan a sí mismos, sino en cambio los siervos más humildes. Pero como seres humanos débiles, a veces fallamos cuando intentamos presumir y glorificar nuestros propios logros. Hacer eso no está bien.

Hoy, puede que sientas la tentación de ensalzarte ante los ojos de tus vecinas. Resiste esa tentación. En cambio, sirve a tus vecinas calladamente y sin fanfarria. Encuentra una necesidad y súplela… humildemente. Echa una mano de ayuda y comparte una palabra de bondad… de modo anónimo. Este es el camino de Dios.

Como una sierva humilde, te glorificarás a ti misma no delante de los hombres, sino delante de Dios, y eso es lo que Dios quiere. Después de todo, la gloria terrenal es fugaz; está aquí hoy y enseguida desaparece. Pero la gloria celestial perdura por la eternidad. Por lo tanto, la decisión es tuya: puedes elevarte a ti misma aquí en la tierra y ser humillada en el cielo, o viceversa. Escoge el viceversa.

Más de la Palabra de Dios

Adora al Señor tu Dios y sírvele solamente a él.

Mateo 4:10, NVI

Si ellos le obedecen y le sirven, pasan el resto de su vida en prosperidad, pasan felices los años que les quedan.

Job 36:11, NVI

Mientras sea de día, tenemos que llevar a cabo la obra del que me envió. Viene la noche cuando nadie puede trabajar.

Juan 9:4, NVI

Dios quiere que le sirvamos con un espíritu dispuesto, un espíritu que no escoja ningún otro camino.

Beth Moore

Mediante nuestro servicio a otros, Dios quiere influenciar nuestro mundo para Él.

Vonette Bright

Muchas veces decimos que no podemos servir a Dios porque no somos lo que se necesita. No somos lo bastante talentosas, o lo bastante inteligentes, o cualquier otra cosa. Pero si estás en un pacto con Jesucristo, Él es responsable de cubrir tus debilidades, de ser tu fortaleza. ¡Él te dará sus capacidades para tus incapacidades!

Kay Arthur

Enfócate en servirle

La dirección de tus pasos y la calidad de tu vida estarán determinados por el nivel de tu servicio.

Capítulo 23

Abre tu corazón

Y sabemos que a los que aman a Dios, todas las cosas les ayudan a bien, esto es, a los que conforme a su propósito son llamados.

Romanos 8:28, RVR-1960

C. S. Lewis observó: "La salud espiritual de un hombre es exactamente proporcional a su amor por Dios". Si queremos disfrutar la salud espiritual que Dios quiere para nosotras, debemos alabarle, debemos amarle y debemos obedecerle.

Cuando adoramos a nuestro Padre celestial con fidelidad y obediencia, invitamos a que su amor entre en nuestros corazones. Cuando adoramos a Dios en verdad, le permitimos que gobierne sobre nuestros días y sobre nuestras vidas. A su vez, llegamos a amar a Dios más profundamente a medida que sentimos su amor por nosotras.

San Agustín escribió: "Te amo, Señor, no con dudas sino con absoluta certeza. Tu Palabra latió en mi corazón hasta que me enamoré de ti, y ahora el universo y todo lo que hay en él me dice que te ame".

En este día, abre tu corazón al Padre. Y deja que tu obediencia sea una respuesta adecuada a su amor interminable.

Más de la Palabra de Dios

Ama al Señor tu Dios con todo tu corazón, con toda tu alma y con todas tus fuerzas.

Deuteronomio 6:5, NTV

Si ustedes me aman, obedecerán mis mandamientos.

Juan 14:15, NVI

"Ama al Señor tu Dios con todo tu corazón, con todo tu ser y con toda tu mente" —le respondió Jesús. Éste es el primero y el más importante de los mandamientos. El segundo se parece a éste: "Ama a tu prójimo como a ti mismo". De estos dos mandamientos dependen toda la ley y los profetas.

Mateo 22:37-40, NVI

El gozo es un subproducto no de las circunstancias felices, de la educación o el talento, sino de una saludable relación con Dios y una determinación a amarle a pesar de lo que pase.

Barbara Johnson

Amarle a Él significa la agradecida aceptación de todas las cosas que su amor haya designado.

Elisabeth Elliot

Cuando un alma sincera puede aquietarse delante del Cristo viviente, aún podemos oírle decir simplemente y claramente: "Ama al Señor tu Dios con todo tu corazón, con toda tu alma y con todas tus fuerzas… y ámense unos a otros como yo les he amado".

Gloria Gaither

Ama y obedece

Porque Dios te amó primero, deberías amarle a Él. Y un modo en que demuestras tu amor es obedeciéndole.

Capítulo 24

Administradoras de los dones de Dios

Cada uno ponga al servicio de los demás el don que haya recibido, administrando fielmente la gracia de Dios en sus diversas formas.

1 Pedro 4:10, NVI

Los dones que posees son dones del Dador de todo lo bueno. ¿Tienes un don espiritual? Compártelo. ¿Tienes un testimonio sobre las cosas que Cristo ha hecho por ti? No dejes sin contar la historia. ¿Posees recursos financieros? Compártelos. ¿Tienes talentos particulares? Lima tus capacidades y úsalas para la gloria de Dios.

Cuando acumulas y guardas los tesoros que Dios te ha dado, vives en rebelión contra sus mandamientos. Pero cuando obedeces a Dios compartiendo sus dones libremente y sin fanfarria, le invitas a que te bendiga cada vez más. Hoy, sé una fiel administradora de tus talentos y tesoros. Y después prepárate para bendiciones aún mayores que seguro llegarán.

Más de la Palabra de Dios

Ahora bien, hay diversidad de dones, pero el Espíritu es el mismo. Y hay diversidad de ministerios, pero el Señor es el mismo.

1 Corintios 12:4-5, RVR-1960

No descuides el don que hay en ti.

1 Timoteo 4:14, RVR-1960

Tenemos dones diferentes, según la gracia que se nos ha dado. Si el don de alguien es el de profecía, que lo use en proporción con su fe; si es el de prestar un servicio, que lo preste; si es el de enseñar, que enseñe; si es el de animar a otros, que los anime; si es el de socorrer a los necesitados, que dé con generosidad; si es el de dirigir, que dirija con esmero; si es el de mostrar compasión, que lo haga con alegría.

Romanos 12:6-8, NVI

Toda buena dádiva y todo don perfecto desciende de lo alto, del Padre de las luces.

Santiago 1:17, RVR-1960

En la gran orquesta que llamamos vida, tú tienes un instrumento y un canto, y le debes a Dios tocar ambos de modo sublime.

Max Lucado

Si quieres descubrir tus dones espirituales, comienza obedeciendo a Dios. A medida que le sirves, descubrirás que Él te ha dado los dones que son necesarios para continuar en obediencia.

Anne Graham Lotz

No todo el mundo posee abundante energía o un talento destacado. No somos igualmente bendecidos con un gran intelecto, o belleza física, o fortaleza emocional. Pero a todos se nos ha dado la misma capacidad de ser fieles.

Gigi Graham Tchividjian

Usa tus dones

Dios te ha dado un conjunto único de talentos y oportunidades. El resto te corresponde a ti.

Capítulo 25

Estad quietos

Estad quietos, y conoced que yo soy Dios.

Salmos 46:10, RVR-1960

En el primer capítulo de Marcos leemos que en la oscuridad de las primeras horas de la mañana, Jesús fue a un lugar solitario y oró. Lo mismo deberíamos hacer nosotras. Pero a veces, encontrar momentos tranquilos de soledad es sin duda difícil.

Vivimos en un mundo ruidoso, un mundo lleno de distracciones, frustraciones y complicaciones. Pero si permitimos que las distracciones de un mundo clamoroso nos separen de la paz de Dios, flaco favor nos hacemos a nosotras mismas.

Si buscamos mantener una mente recta y un corazón compasivo, debemos tomar tiempo cada día para la oración y para la meditación. Debemos aquietarnos en la presencia de nuestro Creador. Debemos aquietar nuestra mente y nuestro corazón para así poder sentir la voluntad de Dios, el amor de Dios y al Hijo de Dios.

¿Eres una de esas mujeres ocupadas que pasan el día apresuradas con apenas un solo momento para la tranquila contemplación y la oración? Si es así, es momento de reordenar tus prioridades.

¿Te ha robado el ajetreado ritmo de la vida la paz que de otro modo podría ser tuya por medio de Jesucristo? Nada es más importante que el tiempo que pasas con tu Salvador. Por lo tanto, está tranquila y reclama la paz interior que es tu derecho de nacimiento espiritual: la paz de Jesucristo. Se ofrece gratuitamente; ha sido pagada al completo; es tuya por pedirla. Así que pide. Y después comparte.

Más de la Palabra de Dios

Guarda silencio ante el Señor, y espera en él con paciencia.

Salmos 37:7, NVI

En quietud y en confianza será vuestra fortaleza.

Isaías 30:15, RVR-1960

Alma mía, en Dios solamente reposa, porque de él es mi esperanza.

Salmos 62:5, RVR-1960

Las múltiples recompensas de una vida de oración seria y coherente demuestran claramente que el tiempo con nuestro Señor debería ser nuestra máxima prioridad.

Shirley Dobson

El Señor Jesús, a disposición de la gente gran parte del tiempo, les dejaba, a veces mucho tiempo antes del amanecer, para subir a los montes donde podía tener comunión a solas con su Padre.

Elisabeth Elliot

Si también tú aprendes a esperar en Dios, a estar a solas con Él, y a permanecer en silencio para poder oír su voz cuando Él esté listo para hablarte, ¡qué diferencia marcará eso en tu vida!

Kay Arthur

Escucha y aprende

Está quieta y escucha a Dios. Él tiene algo importante que decirte.

Capítulo 26

Tu futuro muy brillante

Pues yo sé los planes que tengo para ustedes —dice el Se-
ñor—. Son planes para lo bueno y no para lo malo, para
darles un futuro y una esperanza.

Jeremías 29:11, NTV

¿Cuán brillante es tu futuro? Bien, si eres una creyente fiel, los planes de Dios para ti son tan brillantes que es mejor que te pongas lentes de sol. Pero esta es una importante pregunta: ¿Cuán brillante crees que será tu futuro? ¿Estás esperando un mañana estupendo, o temes que será terrible? La respuesta que des tendrá una potente influencia en el modo que resulte el mañana.

¿Confías en la bondad suprema del plan de Dios para tu vida? ¿Enfrentarás los retos del mañana con optimismo y esperanza? Deberías hacerlo.

Después de todo, Dios te creó por una razón muy importante: la razón de Él. Y aún tienes una tarea importante que hacer: la tarea de Él.

En este día, al vivir en el presente y mirar al futuro, recuerda que Dios tiene un plan increíble para ti. Actúa, y cree, en consecuencia.

Más de la Palabra de Dios

Bendito el Dios y Padre de nuestro Señor Jesucristo, que según su grande misericordia nos hizo renacer para una esperanza viva, por la resurrección de Jesucristo de los muertos...

1 Pedro 1:3, RVR-1960

Así también, la sabiduría es dulce a tu alma. Si la encuentras, tendrás un futuro brillante.

Proverbios 24:14, NTV

Y al cabo del tiempo, cuando hayas vivido en medio de todas esas angustias y dolores, volverás al Señor tu Dios y escucharás su voz. Porque el Señor tu Dios es un Dios compasivo.

Deuteronomio 4:30-31, NVI

Puedes mirar adelante con esperanza, porque un día no habrá más separación, no habrá más cicatrices ni más sufrimiento en la casa de mi Padre. ¡Es el hogar de tus sueños!

Anne Graham Lotz

Pasamos nuestras vidas soñando con el futuro, sin darnos cuenta de que un poco de él se nos escapa cada día.

Barbara Johnson

¡No limites al Dios ilimitado! Con Él, afronta el futuro sin temor porque nunca estás sola.

Sra. de Charles E. Cowman

Cada experiencia que Dios nos da, cada persona que Él trae a nuestras vidas, es la preparación perfecta para el futuro que solamente Él puede ver.

Corrie tan Boom

Encontrar valentía

Incluso cuando el mundo parezca oscuro, el futuro es brillante para quienes miran al Hijo.

Capítulo 27

Sé disciplinada

Más bien, golpeo mi cuerpo y lo domino, no sea que, después de haber predicado a otros, yo mismo quede descalificado.

1 Corintios 9:27, NVI

Las mujeres sabias entienden la importancia de la disciplina. En Proverbios 28:19 el mensaje es claro: "El que trabaja la tierra tendrá abundante comida; el que sueña despierto sólo abundará en pobreza" (NVI).

Si trabajamos con diligencia y fidelidad, podemos esperar una abundante cosecha. Pero nunca debemos esperar que la cosecha preceda al trabajo.

La poetisa Mary Frances Butts aconsejaba: "Construye hoy una pequeña valla de confianza. Llena cada espacio de amoroso trabajo, y ahí dentro quédate". Y sus palabras siguen teniendo aplicación.

Las mujeres sensatas entienden que Dios no recompensa la pereza o la mala conducta. Por el contrario, Dios espera que sus hijos (de todas las edades) lleven vidas disciplinadas… y cuando lo hacen, Él les recompensa.

Más de la Palabra de Dios

Dios no nos llamó a la impureza sino a la santidad.

1 Tesalonicense 4:7, NVI

Precisamente por eso, esfuércense por añadir a su fe, virtud; a su virtud, entendimiento; al entendimiento, dominio propio; al dominio propio, constancia; a la constancia, devoción a Dios.

2 Pedro 1:5-6, NVI

¿No se dan cuenta de que en una carrera todos corren, pero sólo una persona se lleva el premio? ¡Así que corran para ganar! Todos los atletas se entrenan con disciplina. Lo hacen para ganar un premio que se desvanecerá, pero nosotros lo hacemos por un premio eterno.

1 Corintios 9:24-25, NTV

La alternativa a la disciplina es el desastre.

Vance Havner

Dios tiene una voluntad presente para tu vida. No es caótica ni profundamente agotadora. En medio de muchas buenas decisiones que compiten por nuestro tiempo, Él quiere darnos el discernimiento para reconocer lo que es mejor.

Beth Moore

Es aleccionador contemplar cuánto tiempo, esfuerzo, sacrificio, compromiso y atención damos a adquirir y aumentar nuestra provisión de algo que es totalmente insignificante en la eternidad.

Anne Graham Lotz

Sé *disciplinada*

Si decides llevar un estilo de vida disciplinado, tus pasos serán protegidos. Si decides llevar un estilo de vida indisciplinado, tus pasos serán desviados.

Capítulo 28

Pedir a Dios las cosas que necesitas

No tienen, porque no piden.

Santiago 4:2, NVI

Dios da los dones; nosotras, como creyentes, deberíamos aceptarlos pero con frecuencia no lo hacemos. ¿Por qué? Porque no confiamos completamente en nuestro Padre celestial, y porque a veces somos sorprendentemente tercas. Lucas 11 nos enseña que Dios no retiene dones espirituales a quienes se los piden. Nuestra obligación, sencillamente, es pedirlos.

¿Eres una mujer que pide a Dios que mueva montañas en su vida, o estás esperando que Él se tropiece con un montículo de arena? Cualquiera que sea el tamaño de tus desafíos, Dios es lo bastante grande para manejarlos. Pide hoy su ayuda, con fe y con fervor, y entonces observa con sorpresa cómo comienzan a moverse tus montañas.

Más de la Palabra de Dios

Así que yo les digo: Pidan, y se les dará; busquen, y encontrarán; llamen, y se les abrirá la puerta. Porque todo el que pide, recibe; el que busca, encuentra; y al que llama, se le abre.

Lucas 11:9-10, NVI

No se inquieten por nada; más bien, en toda ocasión, con oración y ruego, presenten sus peticiones a Dios y denle gracias.

Filipenses 4:6, NVI

De cierto, de cierto os digo: El que en mí cree, las obras que yo hago, él las hará también; y aun mayores hará, porque yo voy al Padre. Y todo lo que pidiereis al Padre en mi nombre, lo haré, para que el Padre sea glorificado en el Hijo. Si algo pidiereis en mi nombre, yo lo haré.

Juan 14:12-14, RVR-1960

¿Cuándo entenderemos que no estamos molestando a Dios con nuestras preguntas y preocupaciones? Su corazón está abierto a escucharnos, su toque más cerca que nuestro siguiente pensamiento, como si no existiera nadie en el mundo sino nosotras. Nuestro Dios muy personal quiere oírnos personalmente.

Gigi Graham Tchividjian

Dios nos ayudará a llegar a ser las persona que habíamos de ser, si tan sólo se lo pedimos.

Hannah Whitall Smith

Con frecuencia he hecho una petición a Dios con sinceros ruegos incluso respaldados por la Escritura, sólo para que Él me diga "No" porque tenía algo mejor preparado.

Ruth Bell Graham

Pídele

Si quieres sinceramente guardar tus pasos, pide la ayuda de Dios.

Capítulo 29

Confía en sus promesas

Confía en el Señor de todo corazón, y no en tu propia inteligencia. Reconócelo en todos tus caminos, y él allanará tus sendas.

Proverbios 3:5-6, NVI

Cuando nuestros sueños se hacen realidad y nuestros planes resultan exitosos, nos resulta fácil dar gracias a nuestro Creador y fácil confiar en su providencia divina. Pero en momentos de tristeza o dificultad, puede que nos encontremos cuestionando los planes de Dios para nuestras vidas.

En ocasiones, afrontarás circunstancias que te inquieten hasta el núcleo mismo de tu alma. Durante esos días difíciles es cuando debes encontrar la sabiduría y la valentía para confiar en tu Padre celestial a pesar de tus circunstancias.

¿Eres una mujer que busca las bendiciones de Dios para ti misma y para tu familia? Entonces confía en Él. Confíale tus relaciones. Confíale tus prioridades. Sigue sus mandamientos y ora para recibir su guía. Confía en tu Padre celestial día a día, momento a momento, en los buenos momentos y en los momentos difíciles. Entonces, espera con paciencia las revelaciones de Dios… y prepárate para la abundancia y la paz que ciertamente serán tuyas cuando lo hagas.

Más de la Palabra de Dios

Dios los protege con su poder hasta que reciban esta salvación, la cual está lista para ser revelada en el día final, a fin de que todos la vean.

1 Pedro 1:5, NTV

Vivimos por fe, no por vista.

2 Corintios 5:7, NVI

Es mejor refugiarse en el Señor que confiar en la gente. Es mejor refugiarse en el Señor que confiar en príncipes.

Salmos 118:8-9, NTV

No tengas miedo, entonces, de que si confías, o si les dices a otros que confíen, el asunto quedará ahí. La confianza es sólo el principio y el fundamento continuo. Cuando confiamos en Él, el Señor obra, y su obra es la parte más importante de todo el asunto.

Hannah Whitall Smith

A veces, la esencia misma de la fe es confiar en Dios en medio de cosas que Él sabe muy bien que nosotras no podemos comprender.

Beth Moore

¿Eres seria en cuanto a querer la guía de Dios para llegar a ser la persona que Él quiere que seas? El primer paso es decirle a Dios que sabes que no puedes dirigir tu propia vida; que necesitas su ayuda.

Catherine Marshall

Confía en Él

Porque Dios es digno de confianza, y porque Él te ha hecho promesas que tiene intención de cumplir, estás protegida.

Capítulo 30

Participa en la iglesia

Y yo también te digo, que tú eres Pedro, y sobre esta roca edificaré mi iglesia; y las puertas del Hades no prevalecerán contra ella. Y a ti te daré las llaves del reino de los cielos; y todo lo que atares en la tierra será atado en los cielos; y todo lo que desatares en la tierra será desatado en los cielos.

Mateo 16:18-19, RVR-1960

Si quieres edificar carácter, la iglesia es un lugar maravilloso para hacerlo. ¿Eres un miembro activo y participativo de tu congregación local? La respuesta a esta sencilla pregunta tendrá un profundo impacto en la dirección de tu viaje espiritual y el contenido de tu carácter.

Si actualmente no estás participando en una iglesia local, te estás perdiendo un conjunto de bendiciones que incluyen, pero ciertamente no están limitadas, las edificantes relaciones que puedes y deberías experimentar con otros creyentes.

Por lo tanto, hazte un favor a ti misma: encuentra una congregación en la que te sientas cómoda, y súmate a ella. Y cuando lo hayas hecho, no te limites a asistir a la iglesia por hábito. Ve a la iglesia por un sincero deseo de conocer y adorar a Dios. Cuando lo hagas, serás bendecida por los hombres y las mujeres que asisten a tu congregación, y serás bendecida por tu Creador. Te mereces asistir a la iglesia, y Dios se merece que asistas a la iglesia, así que no lo retrases.

Más de la Palabra de Dios

Ahora bien, ustedes son el cuerpo de Cristo, y cada uno es miembro de ese cuerpo.

1 Corintios 12:27, NVI

Tengan cuidado de sí mismos y de todo el rebaño sobre el cual el Espíritu Santo los ha puesto como obispos para pastorear la iglesia de Dios, que él adquirió con su propia sangre.

Hechos 20:28, NVI

Nuestras iglesias han de ser refugios donde las normas de castas del mundo no se apliquen.

Beth Moore

Sean llenos del Espíritu Santo; únanse a una iglesia donde los miembros crean en la Biblia y conozcan al Señor; busquen la comunión de otros cristianos; aprendan y sean alimentados por la Palabra de Dios y sus muchas promesas. La conversión no es el final de nuestros viaje, es solamente el comienzo.

Corrie ten Boom

Cada vez que una persona nueva acude a Dios, cada vez que los dones de alguien encuentran expresión en la comunión de los creyentes, cada vez que una familia en necesidad es rodeada por la amorosa iglesia, la verdad es afirmada de nuevo: ¡la iglesia triunfante está viva y bien!

Gloria Gaither

Pensamiento para el día

Dios quiere que estés participando activamente en su iglesia. Tus intenciones deberían ser esas mismas.

Capítulo 31

Más allá del temor

Aun cuando yo pase por el valle más oscuro, no temeré, porque tú estás a mi lado.

Salmos 23.4, NTV

Una terrible tormenta se desató rápidamente en el mar de Galilea, y los discípulos tuvieron temor. Aunque habían sido testigos de muchos milagros, los discípulos temían por sus vidas, así que acudieron a Jesús, y Él calmó las aguas y el viento.

A veces nosotras, al igual que los discípulos de Jesús, nos sentimos amenazadas por las tormentas de la vida. Cuando tengamos temor, también nosotras deberíamos acudir a Él para obtener consuelo y valentía.

La próxima vez que te encuentres haciendo frente a una situación causante de temor, recuerda que Aquel que calmó el viento y las olas es también tu Salvador personal. Entonces pregúntate qué es más fuerte: tu fe o tu temor. La respuesta debería ser obvia. Por lo tanto, cuando se formen nubes de tormenta y te encuentres llevada de un lado a otro por los tormentosos mares de la vida, recuerda esto: dondequiera que estés, Dios también está ahí. Y como Él cuida de ti, estás protegida.

Más de la Palabra de Dios

No tengas miedo, porque yo estoy contigo; no te desalientes, porque yo soy tu Dios. Te daré fuerzas y te ayudaré; te sostendré con mi mano derecha victoriosa.

Isaías 41:10, NTV

Mi mandato es: "¡Sé fuerte y valiente! No tengas miedo ni te desanimes, porque el Señor tu Dios está contigo dondequiera que vayas".

Josué 1:9, NTV

Sé fuerte y valiente y haz el trabajo. No tengas miedo ni te desanimes, porque el Señor Dios, mi Dios, está contigo. Él no te fallará ni te abandonará.

1 Crónicas 28:20, NTV

Si una persona teme a Dios, él o ella no tiene razón alguna para temer nada más. Por otro lado, si una persona no teme a Dios, entonces el temor se convierte en un modo de vida.

Beth Moore

La preocupación es un ciclo de pensamientos ineficaces que dan vueltas alrededor de un centro de temor.

Corrie ten Boom

Dios nos protege de la mayoría de cosas que tememos, pero cuando escoge no protegernos, Él siempre otorga gracia en la medida necesaria.

Elisabeth Elliot

Cuando tenemos la seguridad de que Dios es bueno, entonces no puede haber nada que temer.

Hannah Whitall Smith

Encontrar valentía

Si te sientes temerosa o ansiosa, debes confiar en Dios para que resuelva los problemas que sencillamente son demasiado grandes para que tú los resuelvas.

Capítulo 32

Paciencia y confianza

Esperad en él en todo tiempo, oh pueblos; derramad delante de él vuestro corazón; Dios es nuestro refugio.

Salmos 62:8, RVR-1960

Salmos 37:7 nos manda esperar con paciencia a Dios. Pero como mujeres ocupadas en un mundo frenético, a muchas nos resulta difícil esa espera paciente. ¿Por qué? Porque somos seres humanos falibles que buscamos vivir según nuestro propio calendario, y no el de Dios. En nuestros mejores momentos, entendemos que la paciencia no es solamente una virtud, sino también un mandamiento de Dios.

Los seres humanos somos impacientes por naturaleza. Sabemos lo que queremos, y sabemos exactamente cuándo lo queremos: ¡AHORA! Pero Dios es más sabio. Él ha creado un mundo que se desarrolla según sus planes, no los nuestros. Como creyentes, debemos confiar en su sabiduría y su bondad.

Dios nos enseña que seamos pacientes en todas las cosas. Debemos ser pacientes con nuestra familia, nuestros amigos y nuestros asociados. También debemos ser pacientes con nuestro Creador a medida que Él desarrolla su plan para nuestras vidas. Y así es como debería ser. Después de todo, piensa lo paciente que Dios ha sido con nosotras.

Más de la Palabra de Dios

Alégrense por la esperanza segura que tenemos. Tengan paciencia en las dificultades y sigan orando.

Romanos 12:12, NTV

El amor es paciente, es bondadoso.

1 Corintios 13:4, NVI

Vale más la paciencia que el orgullo.

Eclesiastés 7:8, NTV

Por eso el Señor los espera, para tenerles piedad; por eso se levanta para mostrarles compasión. Porque el Señor es un Dios de justicia. ¡Dichosos todos los que en él esperan!

Isaías 30:18, NVI

Permíteme alentarte a seguir esperando con fe. Puede que Dios no haga un milagro, pero puedes confiar en que Él te tocará y te sanará donde solía haber un hueco.

Lisa Whelchel

Esperar es el tipo de obra más difícil, pero Dios es sabio, y con gozo podemos dejarlo todo en sus manos.

Lottie Moon

La sabiduría siempre espera el momento correcto de actuar, mientras que la emoción siempre empuja a la acción en el momento.

Joyce Meyer

La paciencia recompensa

Cuando aprendas a ser más paciente con los demás, harás de tu mundo y de tu corazón un lugar mejor.

Capítulo 33

Crecimiento continuo

Por eso, dejando a un lado las enseñanzas elementales acerca de Cristo, avancemos hacia la madurez.

Hebreos 6:1, NVI

¿Cuándo serás una mujer cristiana "totalmente madura"? Es de esperar que nunca, ¡o al menos hasta que llegues al cielo! Como creyente que vive aquí en el planeta tierra, nunca eres "totalmente madura"; siempre tienes el potencial para seguir creciendo.

En esos momentos de quietud cuando abres tu corazón a Dios, Aquel que te creó sigue recreándote. Él te da dirección, perspectiva, sabiduría y valentía.

¿Te gustaría tener una fórmula probada por el tiempo para el crecimiento espiritual? Aquí está: sigue estudiando la Palabra de Dios, sigue obedeciendo sus mandamientos, sigue orando (y escuchando las respuestas), y sigue intentando vivir en el centro de la voluntad de Dios. Cuando lo hagas, nunca te quedarás estancada por mucho tiempo. Sin duda, serás una cristiana que crece… y esa es precisamente el tipo de cristiana que Dios quiere que seas.

Más de la Palabra de Dios

Huye también de las pasiones juveniles, y sigue la justicia, la fe, el amor y la paz, con los que de corazón limpio invocan al Señor.

2 Timoteo 2:22, RVR-1960

Porque tú nos probaste, oh Dios; nos ensayaste como se afina la plata. Nos metiste en la red; pusiste sobre nuestros lomos pesada carga. Hiciste cabalgar hombres sobre nuestra cabeza; pasamos por el fuego y por el agua, y nos sacaste a abundancia.

Salmos 66:10-12, RVR-1960

Más bien, crezcan en la gracia y en el conocimiento de nuestro Señor y Salvador Jesucristo. ¡A él sea la gloria ahora y para siempre! Amén.

2 Pedro 3:18, NVI

Si todas las luchas y los sufrimientos fuesen eliminados, el espíritu no alcanzaría más madurez de la que alcanzaría el niño.

Elisabeth Elliot

Si quieres descubrir tus dones espirituales, comienza obedeciendo a Dios. A medida que le sirves, descubrirás que Él te ha dado los dones que son necesarios para continuar en obediencia.

Anne Graham Lotz

Ponemos nuestros ojos en la línea de meta, olvidando el pasado, y prosiguiendo hacia la marca de la madurez espiritual y la productividad.

Vonette Bright

Sigue creciendo

Cuando se trata de tu fe, Dios no quiere que te quedes quieta. Él quiere que sigas moviéndote y creciendo.

Capítulo 34

Síguele a Él

Quien quiera servirme, debe seguirme; y donde yo esté, allí también estará mi siervo. A quien me sirva, mi Padre lo honrará.

Juan 12:26, NVI

Jesús camina contigo. ¿Estás tú caminando con Él? Es de esperar que escojas caminar con Él hoy y cada día de tu vida.

Jesús te amó tanto que soportó indecible humillación y sufrimiento por ti. ¿Cómo responderás al sacrificio de Cristo? ¿Tomarás tu cruz y le seguirás (Lucas 9:23), o escogerás otro camino? Cuando pongas tus esperanzas directamente a los pies de la cruz, cuando pongas a Jesús directamente en el centro de tu vida, serás bendecida. Si quieres ser una digna discípula de Jesús, debes reconocer que Él nunca está "después". Él está siempre primero.

¿Esperas cumplir el propósito de Dios para tu vida? ¿Buscas tener una vida de abundancia y de paz? ¿Quieres ser una cristiana no solamente de nombre, sino en verdad? Entonces sigue a Cristo. Síguele tomando su cruz hoy y cada día de tu vida. Cuando lo hagas, enseguida descubrirás que el amor de Cristo tiene el poder de cambiarlo todo, incluida tú.

Más de la Palabra de Dios

Y decía a todos: Si alguno quiere venir en pos de mí, niéguese a sí mismo, tome su cruz cada día, y sígame.

Lucas 9:23, RVR-1960

Les he puesto el ejemplo, para que hagan lo mismo que yo he hecho con ustedes.

Juan 13:15, NVI

El que halla su vida, la perderá; y el que pierde su vida por causa de mí, la hallará.

Mateo 10:39, RVR-1960

Pedro dijo: "¡No, Señor!". Pero tuvo que aprender que no se puede decir "No" a la vez que se dice "Señor", y que no se puede decir "Señor" a la vez que se dice "No".

Corrie ten Boom

La vida de amor del cristiano es un campo de batalla crucial. Ahí, si en ninguna otra parte, se determinará quién es Señor: el mundo, el yo y el diablo; o el Señor Cristo.

Elisabeth Elliot

¿Te entregarás, con una alegre y anhelante rendición, a ti misma y todos tus afanes en sus manos? Si haces eso, tu alma comenzará a conocer algo del gozo de la unión con Cristo.

Hannah Whitall Smith

Síguele

Es necesario un compromiso real, e importantes sacrificios, para seguir realmente a Jesús. Pero vale la pena por completo.

Capítulo 35

Decisiones

Te he dado a elegir entre la vida y la muerte, entre la bendición y la maldición. Elige, pues, la vida, para que vivan tú y tus descendientes. Ama al Señor tu Dios, obedécelo y sé fiel a él, porque de él depende tu vida, y por él vivirás mucho tiempo en el territorio que juró dar a tus antepasados Abraham, Isaac y Jacob.

Deuteronomio 30:19-20, NVI

La vida es una serie de decisiones y elecciones. Cada día tomamos incontables decisiones que pueden acercarnos a Dios… o no. Cuando vivimos según los mandamientos de Dios, obtenemos para nosotras mismas la abundancia y la paz que Él quiere para nuestras vidas. Pero cuando damos la espalda a Dios desobedeciéndole, causamos innecesario sufrimiento sobre nosotras mismas y nuestras familias.

¿Buscas abundancia espiritual que puede ser tuya mediante la persona del Hijo unigénito de Dios? Entonces invita a Cristo a tu corazón y vive según sus enseñanzas. Y cuando te enfrentes a una decisión difícil o una potente tentación, busca la sabiduría de Dios y confía en eso. Cuando lo hagas, recibirás incontables bendiciones; no solo para este día, sino también por toda la eternidad.

Más de la Palabra de Dios

Siempre trato de mantener una conciencia limpia delante de Dios y de toda la gente.

Hechos 24:16, NTV

Más bien, busquen primeramente el reino de Dios y su justicia, y todas estas cosas les serán añadidas.

Mateo 6:33, NVI

Sabiduría ante todo; adquiere sabiduría; y sobre todas tus posesiones adquiere inteligencia.

Proverbios 4:7, RVR-1960

Libertad no es el derecho a hacer lo que queramos sino el poder de hacer lo que debiéramos.

Corrie ten Boom

Podría pasar este día sin ser consciente de los milagros que me rodean, o podría sintonizar y "disfrutar".

Gloria Gaither

No sé cómo el Espíritu de Cristo lo hace, pero Él nos trae elecciones mediante las cuales constantemente cambiamos, de manera fresca y nueva, a semejanza de Él.

Joni Eareckson Tada

Las decisiones importan

Cada día tomas cientos de decisiones… y la calidad de esas decisiones determina la calidad de tu día y de tu vida.

Capítulo 36

Encontrar satisfacción

Yo soy la puerta; el que por mí entrare, será salvo; y entrará, y saldrá, y hallará pastos.

Juan 10:9, RVR-1960

¿Dónde puedes encontrar contentamiento? ¿Es un resultado de la riqueza, o el poder, o la belleza, o la fama? Difícilmente. El contentamiento genuino surge de un espíritu apacible, una conciencia limpia y un corazón amoroso (¡como el tuyo!).

Nuestro mundo moderno parece preocupado con la búsqueda de la felicidad. Somos bombardeadas con mensajes que nos dicen que la felicidad depende de la adquisición de posesiones materiales. Esos mensajes son falsos. La paz duradera no es el resultado de nuestras adquisiciones; es el inevitable resultado de nuestras disposiciones. Si no encontramos contentamiento en nuestro interior, nunca lo encontraremos fuera de nosotras mismas.

Así, la búsqueda de contentamiento es una búsqueda interior, una exploración del corazón, la mente y el alma. Puedes encontrar contentamiento, y ciertamente lo encontrarás, si sencillamente miras en los lugares correctos. Y el mejor momento de comenzar a mirar en esos lugares es ahora.

Más de la Palabra de Dios

El Señor le da fuerza a su pueblo; el Señor lo bendice con paz.

Salmos 29:11, NTV

Pero gran ganancia es la piedad acompañada de contentamiento; porque nada hemos traído a este mundo, y sin duda nada podremos sacar. Así que, teniendo sustento y abrigo, estemos contentos con esto.

1 Timoteo 6:6-8, RVR-1960

Sean vuestras costumbres sin avaricia, contentos con lo que tenéis ahora; porque él dijo: No te desampararé, ni te dejaré.

Hebreos 13:5, RVR-1960

Cuando hacemos lo correcto, tenemos contentamiento, paz y felicidad.

Beverly LaHaye

Padre y madre vivieron al borde de la pobreza, y sin embargo su contentamiento no dependía de lo que les rodeaba. Su relación el uno con el otro y con el Señor les daba fuerza y felicidad.

Corrie ten Boom

Creo que en cada ocasión y lugar está dentro de nuestra capacidad aceptar la voluntad de Dios; ¡y qué paz produce hacer eso!

Elisabeth Elliot

El regalo de la paz

Dios te ofrece su paz, su protección y sus promesas. Si aceptas estos regalos, estarás contenta.

Capítulo 37

Vivir con propósito

Por eso yo, que estoy preso por la causa del Señor, les ruego que vivan de una manera digna del llamamiento que han recibido.

Efesios 4:1, NVI

"**P**ero ¿qué quiere Dios que yo haga con mi vida?". Es una pregunta fácil de hacer, pero para muchas de nosotras, una pregunta difícil de responder. ¿Por qué? Porque los propósitos de Dios no siempre están claros para nosotras. A veces vagamos sin dirección en un desierto que nosotras mismas hemos creado. Y a veces luchamos mucho contra Dios en un intento infructuoso de encontrar éxito y felicidad mediante nuestros propios medios, no los de Él.

Si eres una mujer que busca sinceramente la guía de Dios, Él la dará. Pero Él te dará a conocer sus revelaciones de una manera y en un momento que Él escoja, no tú, así que ten paciencia. Si le pides a Dios en oración y trabajas con diligencia para discernir sus intenciones,

Él, a su tiempo, te guiará a un lugar de gozosa abundancia y eterna paz.

A veces, las intenciones de Dios serán claras para ti; otras veces el plan de Dios parecerá incierto, en el mejor de los casos. Pero incluso en esos días difíciles en que no estás segura de qué camino tomar, nunca debes perder de vista estos hechos concluyentes: Dios te creó por una razón; Él tiene trabajo importante para que tú lo hagas; y Él está esperando pacientemente a que tú lo hagas.

El siguiente paso te corresponde darlo a ti.

Más de la Palabra de Dios

Háganlo todo para la gloria de Dios.

1 Corintios 10:31, NVI

Cristo es la imagen visible del Dios invisible. Él ya existía antes de que las cosas fueran creadas y es supremo sobre toda la creación.

Colosenses 1:15, NTV

Hay una temporada para todo, un tiempo para cada actividad bajo el cielo.

Eclesiastés 3:1, NTV

Su vida es nuestra luz; nuestro propósito, y significado, y nuestra razón para vivir.

Anne Graham Lotz

El ayer es solamente experiencia pero el mañana resplandece con propósito; y el presente es el canal que guía desde el uno hasta el otro.

Barbara Johnson

Solamente la tarea escogida por Dios para ti te dará suprema satisfacción. No esperes hasta que sea demasiado tarde para darte cuenta del privilegio de servirle a Él en su posición escogida para ti.

Beth Moore

El momento es ahora

Dios tiene un plan para tu vida, un propósito definido que tú puedes cumplir... o no. Tu reto es orar por la guía de Dios y seguir dondequiera que Él dirija.

Capítulo 38

Escapa de la tentación

Sabe el Señor librar de tentación a los piadosos.

2 Pedro 2:9, RVR-1960

Si te detienes a pensar en ello, la fría y dura evidencia está justamente delante de tus ojos: vives en un mundo lleno de tentación. El diablo está en la calle, es duro en el trabajo, causando dolor y sufrimiento de más maneras que nunca antes. Aquí en el siglo XXI, los malos trabajan sin descanso para desviarte. Por eso debes permanecer vigilante.

En una carta a creyentes, Pedro ofreció una seria advertencia: "Su enemigo el diablo ronda como león rugiente, buscando a quién devorar" (1 Pedro 5:8, NVI). Lo que era cierto en tiempos del Nuevo Testamento es igualmente cierto en nuestro tiempo. Satanás tienta a su presa y después la devora. Como cristianas creyentes, debemos estar alertas. Y si buscamos justicia en nuestras propias vidas, debemos sinceramente rodearnos de la protección de la Santa Palabra de Dios. Cuando lo hacemos, estamos seguras.

Más de la Palabra de Dios

Ustedes no han sufrido ninguna tentación que no sea común al género humano. Pero Dios es fiel, y no permitirá que ustedes sean tentados más allá de lo que puedan aguantar. Más bien, cuando llegue la tentación, él les dará también una salida a fin de que puedan resistir.

1 Corintios 10:13, NVI

Practiquen el dominio propio y manténganse alerta. Su enemigo el diablo ronda como león rugiente, buscando a quién devorar.

1 Pedro 5:8, NVI

Pónganse toda la armadura de Dios para poder mantenerse firmes contra todas las estrategias del diablo.

Efesios 6:11, NTV

Huye de la tentación sin dejar una dirección de referencia.

Barbara Johnson

Hay una gran necesidad de dar a Cristo absoluta obediencia. El diablo compite por nuestra completa voluntad propia. Hasta el grado en que demos a esta voluntad propia derecho a ser el amo de nuestra vida, estamos, hasta cierto grado, dando pie a Satanás.

Catherine Marshall

Señor, qué gozo saber que tus capacidades son mucho mayores que las del enemigo.

Corrie ten Boom

Está alerta

Debido a que vives en un mundo lleno de tentación, debes guardar tus ojos, tus pensamientos y tu corazón; todo el día, cada día.

Capítulo 39

Deja que Dios
guíe el camino

*Porque todos los que son guiados por el Espíritu de Dios son
hijos de Dios.*

Romanos 8:14, NVI

La Biblia promete que Dios te guiará si se lo permites. Tu tarea, desde luego, es permitírselo. Pero a veces serás tentada a hacer lo contrario; a veces serás tentada a seguir a la multitud, y otras veces serás tentada a hacer las cosas a tu propia manera y no a la manera de Dios. Cuando sientas esas tentaciones, resístelas.

¿Qué permitirás que te guíe en este día: tus propios deseos (o, de hecho, los deseos de tus amigas)? ¿O permitirás que Dios guíe el camino? La respuesta debería ser obvia. Deberías permitir que Dios sea tu guía.

Cuando le entregas tu vida a Él por completo y sin reservas, Dios te dará la fortaleza para afrontar cualquier reto, la valentía para encarar cualquier prueba, y la sabiduría para vivir en la justicia de Él. Por lo tanto, confía en Él hoy y busca su guía. Cuando lo hagas, tu paso siguiente será el correcto.

Más de la Palabra de Dios

Te haré entender, y te enseñaré el camino en que debes andar; sobre ti fijaré mis ojos.

Salmos 32:8, RVR-1960

Tú, Señor, mantienes mi lámpara encendida; tú, Dios mío, iluminas mis tinieblas.

Salmos 18:28, NVI

Reconócelo en todos tus caminos, y él allanará tus sendas.

Proverbios 3:6, NVI

¿Eres seria en cuanto a querer que la guía de Dios se convierta en una realidad personal en tu vida? El primer paso es decirle a Dios que sabes que no puedes manejar tu propia vida; que necesitas su ayuda.

Catherine Marshall

La guía de Dios es incluso más importante que el sentido común. Puedo declarar que la oscuridad más profunda es vencida por la luz de Jesús.

Corrie ten Boom

Tenemos amplia evidencia de que el Señor puede guiar. Las promesas cubren toda situación imaginable. Lo único que tenemos que hacer es tomar la mano que Él ofrece.

Elisabeth Elliot

Acepta su guía

Si eres sabia, permitirás que Dios te guíe hoy y cada día de tu vida. Cuando ores pidiendo guía, Dios te la dará.

Capítulo 40

Orar por la abundancia de Dios

Yo he venido para que tengan vida, y para que la tengan en abundancia.

Juan 10:10, RVR-1960

Las familiares palabras de Juan 10:10 deberían servir como un recordatorio diario: Cristo vino a esta tierra para que pudiéramos experimentar su abundancia, su amor y su regalo de la vida eterna. Pero Cristo no nos obliga a que le aceptemos; nosotras mismas debemos reclamar sus regalos.

Cada mujer sabe que algunos días son tan ajetreados y ocupados que la abundancia parece una promesa distante. No lo es. Cada día podemos reclamar la abundancia espiritual que Dios promete para nuestras vidas… y deberíamos hacerlo.

Hannah Whitall Smith habló para creyentes de todas las generaciones cuando observó: "Dios es el dador, y nosotros

somos los receptores. Y sus más abundantes regalos les
son otorgados no a quienes hacen las mayores cosas, sino
a quienes aceptan su abundancia y su gracia". Cristo es,
ciertamente, el Dador. ¿Aceptarás sus regalos hoy?

Más de la Palabra de Dios

*Y Dios puede hacer que toda gracia abunde para ustedes, de
manera que siempre, en toda circunstancia, tengan todo lo
necesario, y toda buena obra abunde en ustedes.*

2 Corintios 9:8, NVI

*Hasta ahora no han pedido nada en mi nombre. Pidan y
recibirán, para que su alegría sea completa.*

Juan 16:24, NVI

*Sigue pidiendo y recibirás lo que pides; sigue buscando y en-
contrarás; sigue llamando, y la puerta se te abrirá. Pues todo
el que pide, recibe; todo el que busca, encuentra; y a todo el
que llama, se le abrirá la puerta.*

Mateo 7:7-8, NTV

El regalo de Dios es vida eterna, vida espiritual, vida abundante mediante la fe en Cristo Jesús, la Palabra viva de Dios.

Anne Graham Lotz

¡Las riquezas de Dios están por encima de nada que pudiéramos pedir o incluso atrevernos a imaginar! Si mi vida se queda rancia y estancada, no tengo excusa alguna.

Barbara Johnson

Sí, fuimos creadas para el santo agrado de Él, pero finalmente, si no inmediatamente, encontramos mucho agrado en el agrado de Él.

Beth Moore

Estaría equivocada al tener "complejo de pobreza", porque pensar en nosotras mismas como mendigos es negar las riquezas del Rey o negar que somos sus hijas.

Catherine Marshall

Acepta la abundancia de Él

Dios quiere inundarte de abundancia; tu tarea es permitírselo.

Capítulo 41

Confiar en la sabiduría de Dios

Manantial de vida es el entendimiento al que lo posee; mas la erudición de los necios es necedad.

Proverbios 16:22, RVR-1960

¿Dónde pondrás tu confianza en este día? ¿Confiarás en la sabiduría de hombres y mujeres falibles, o pondrás tu fe en la perfecta sabiduría de Dios? Cuando decidas en quién confiar, entonces sabrás cómo responder mejor a los retos del día que llega.

¿Estás cansada? ¿Desalentada? ¿Temerosa? Recibe consuelo y confía en Dios. ¿Estás preocupada o ansiosa? Ten confianza en el poder de Dios y confía en su Santa Palabra. ¿Estás confundida? Escucha la suave voz de tu Padre celestial. Él no es un Dios de confusión. Habla con Él; escúchale; confía en Él. Él es firme y constante, y Él es tu Protector… para siempre.

Más de la Palabra de Dios

¿Puedes adentrarte en los misterios de Dios o alcanzar la perfección del Todopoderoso? Son más altos que los cielos; ¿qué puedes hacer? Son más profundos que el sepulcro; ¿qué puedes saber? Son más extensos que toda la tierra; ¡son más anchos que todo el mar!

Job 11:7-9, NVI

Ahora vemos de manera indirecta y velada, como en un espejo; pero entonces veremos cara a cara. Ahora conozco de manera imperfecta, pero entonces conoceré tal y como soy conocido.

1 Corintios 13:12, NVI

Cada uno debería seguir viviendo en la situación que el Señor lo haya puesto.

1 Corintios 7:17, NTV

Oh Señor, has examinado mi corazón y sabes todo acerca de mí. Sabes cuándo me siento y cuándo me levanto; conoces mis pensamientos aun cuando me encuentro lejos. Me ves cuando viajo y cuando descanso en casa. Sabes todo lo que hago.

Salmos 139:1-3, NTV

Rendirse a la voluntad de Dios es simplemente permitir que su Espíritu Santo haga su obra en nuestras vidas.

Shirley Dobson

Si estás batallando para tomar algunas decisiones difíciles en este momento que la Biblia no aborda específicamente, no tomes una decisión basándote en lo que es correcto para alguna otra persona. Tú eres del Señor, y Él se asegurará de que hagas lo correcto.

Lisa Whelchel

Haz de la voluntad de Dios el enfoque de tu vida día a día. Si buscas agradarle a Él, y solamente a Él, te encontrarás satisfecha con la vida.

Kay Arthur

Confía en sus promesas

La sabiduría de Dios es perfecta, y está a tu disposición. Por lo tanto, si quieres llegar a ser sabia, sé una estudiante de la Palabra de Dios y una seguidora de su Hijo.

Capítulo 42

¿Manteniendo las apariencias?

El Señor no ve las cosas de la manera en que tú las ves. La gente juzga por las apariencias, pero el Señor mira el corazón.
1 Samuel 16:7, NTV

¿Estás preocupada por mantener las apariencias? Y como resultado, ¿empleas demasiado tiempo, energía o dinero en cosas que se supone que te harán verte bien? Si es así, ciertamente no estás sola. La nuestra es una sociedad que se enfoca intencionalmente en las apariencias. Se nos dice una y otra vez que no podemos ser "demasiado delgadas o demasiado ricas". Pero en verdad, las cosas importantes en la vida tienen poco que ver con comida, moda, fama o fortuna.

En este día, pasa menos tiempo intentando agradar al mundo y más tiempo intentando agradar a tu familia terrenal y a tu Padre celestial. Enfócate en agradar a tu Dios y a tus seres queridos, y no te preocupes demasiado por intentar impresionar a las personas con quienes te cruzas en la calle. Es necesaria mucha energía, y demasiada vida, para mantener las apariencias. Por lo tanto, no desperdicies tu energía o tu vida.

Más de la Palabra de Dios

¿Y por qué se preocupan por la ropa? Observen cómo crecen los lirios del campo. No trabajan ni hilan; sin embargo, les digo que ni siquiera Salomón, con todo su esplendor, se vestía como uno de ellos.

Mateo 6:28-29, NVI

No se preocupen por su vida, qué comerán o beberán; ni por su cuerpo, cómo se vestirán. ¿No tiene la vida más valor que la comida, y el cuerpo más que la ropa?

Mateo 6:25, NVI

A cada uno le parece correcto su proceder, pero el Señor juzga los corazones.

Proverbios 21:2, NVI

Las apariencias externas, cosas como ropa que vistes o el auto que conduces, son importantes para otras personas pero totalmente sin importancia para Dios. Confía en Dios.

Marie T. Freeman

Es consolador saber que somos responsables ante Dios y no ante el hombre. Es un asunto pequeño ser juzgado por el juicio del hombre.

Lottie Moon

La moda es un testimonio duradero del hecho de que vivimos conscientemente delante de los ojos de los demás.

John Eldredge

Pensamiento para el día

Cómo te veas para otras personas no marca mucha diferencia, pero cómo te veas para Dios marca toda la diferencia.

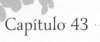

Capítulo 43

Celebrar la vida

Este es el día que hizo el Señor; nos gozaremos y alegraremos en él.

Salmos 118:24, NTV

El Salmo 100 nos recuerda que toda la tierra debería aclamar "con alegría al Señor". Como hijas de Dios, somos bendecidas sin medida, pero a veces, como mujeres ocupadas que viven en un mundo demandante, somos lentas para contar nuestros dones e incluso más lentas para dar gracias a Dios.

Nuestras bendiciones incluyen vida y salud, familia y amigos, libertad y posesiones; eso para empezar. Y los dones que recibimos de Dios son multiplicados cuando los compartimos. Que siempre demos gracias a Dios por sus bendiciones, y que siempre demostremos nuestra gratitud compartiendo nuestros dones con los demás.

El Salmo 118 nos recuerda que "Este es el día que hizo el Señor; nos gozaremos y

alegraremos en él" (v. 24, NTV). Que celebremos este día
y a Aquel que lo creó para nosotras.

Más de la Palabra de Dios

Regocijaos en el Señor siempre. Otra vez digo: ¡Regocijaos!

Filipenses 4:4, RVR-1960

David y todo el pueblo de Israel celebraban ante el Señor.

2 Samuel 6:5, NTV

El de corazón contento tiene un banquete continuo.

Proverbios 15:15, RVR-1960

*Cuando llegó el momento de dedicar la muralla, buscaron a
los levitas en todos los lugares donde vivían, y los llevaron a
Jerusalén para celebrar la dedicación con cánticos de acción
de gracias, al son de címbalos, arpas y liras.*

Nehemías 12:27, NVI

Según Jesús, es la voluntad de Dios que sus hijos sean llenos de la alegría de la vida.

Catherine Marshall

Si puedes perdonar a la persona que fuiste, aceptar a la persona que eres, y creer en la persona que llegarás a ser, te diriges hacia el gozo. Así que celebra tu vida.

Barbara Johnson

Cristo es el secreto, la fuente, la sustancia, el centro y la circunferencia de toda alegría verdadera y duradera.

Sra. de Charles E. Cowman

Celebra ahora

Cada día debería ser una causa de celebración. Al celebrar el regalo de la vida, proteges tu corazón de los peligros del pesimismo, el lamento, la desesperanza y la amargura.

Capítulo 44

El poder de la fe

Les aseguro que si alguno le dice a este monte: "Quítate de ahí y tírate al mar", creyendo, sin abrigar la menor duda de que lo que dice sucederá, lo obtendrá.

Marcos 11:23, NVI

Cuando una mujer que sufría buscó sanidad simplemente tocando el borde de su manto, Jesús se giró y dijo: "Ten ánimo, hija; tu fe te ha salvado" (Mateo 9:22, RVR-1960). También nosotras podemos ser salvadas cuando ponemos nuestra fe completamente y firmemente en la persona de Cristo.

La superviviente del campo de concentración, Corrie ten Boom, se apoyó en la fe durante sus diez meses de encarcelamiento y tortura. Más adelante, a pesar del hecho de que cuatro de sus familiares habían muerto en los campos de muerte nazis, la fe de Corrie fue inconmovible. Ella escribió: "No hay pozo tan profundo que el amor de Dios no sea aún más profundo". Tomen nota los cristianos: la fe genuina en Dios significa fe en todas las circunstancias, felices o tristes, gozosas o trágicas.

Si tu fe está siendo probada hasta el punto de quebrantarse, has de saber que tu Salvador está cercano. Si acudes a Él en fe, Él te dará paz y sanará tu espíritu quebrantado. Encuentra contentamiento en tocar incluso el fragmento más pequeño del manto del Maestro, y Él te salvará.

Más de la Palabra de Dios

Estén alerta. Permanezcan firmes en la fe. Sean valientes. Sean fuertes.

1 Corintios 16:13, NTV

Porque todo el que ha nacido de Dios vence al mundo. Ésta es la victoria que vence al mundo: nuestra fe.

1 Juan 5:4, NVI

Porque por fe andamos, no por vista.

2 Corintios 5:7, RVR-1960

Fe es ver luz con los ojos de nuestro corazón, cuando los ojos de nuestro cuerpo ven solamente oscuridad.

Barbara Johnson

La gracia nos llama a levantarnos, quitarnos nuestra capa de indefensión, y avanzar por la vida en fe.

Kay Arthur

Al igual que nuestra fe fortalece nuestra vida de oración, así nuestras oraciones profundizan nuestra fe. Oremos con frecuencia, comenzando hoy, por una fe más profunda y más poderosa.

Shirley Dobson

La fe no se preocupa por el viaje completo. Un paso es suficiente.

Sra. de Charles E. Cowman

Encontrar valentía

Si tu fe es lo bastante fuerte, tú y Dios, trabajando juntos, pueden mover montañas.

Capítulo 45

Aceptación ahora

El corazón del hombre traza su rumbo, pero sus pasos los dirige el Señor.

Proverbios 16:9, NVI

A veces, debemos aceptar la vida según sus términos, no los nuestros. La vida tiene su manera de desarrollarse, no como nosotras queremos, sino como ella quiere. Y a veces, hay bastante poco que podamos hacer para cambiar cosas.

Cuando se producen acontecimientos que están más allá de nuestro control, tenemos una opción: podemos aprender el arte de la aceptación, o podemos hacernos desgraciadas a nosotras mismas cuando batallamos para cambiar lo incambiable.

Debemos confiar a Dios las cosas que no podemos cambiar. Cuando lo hayamos hecho, podemos abordar con oración y fidelidad el importante trabajo que Él ha puesto delante de nosotras: hacer algo respecto a las cosas que podemos cambiar... y hacerlo más temprano que tarde.

¿Puedes reunir la valentía y la sabiduría para aceptar la vida según sus términos? Si lo haces, ciertamente serás recompensada por tu buen juicio.

Más de la Palabra de Dios

Mete tu espada en la vaina; la copa que el Padre me ha dado, ¿no la he de beber?

Juan 18:11, RVR-1960

Olviden las cosas de antaño; ya no vivan en el pasado. ¡Voy a hacer algo nuevo! Ya está sucediendo, ¿no se dan cuenta? Estoy abriendo un camino en el desierto, y ríos en lugares desolados.

Isaías 43:18-19, NVI

Desnudo salí del vientre de mi madre, y desnudo he de partir. El Señor ha dado; el Señor ha quitado. ¡Bendito sea el nombre del Señor!

Job 1:21, NVI

La aceptación dice: cierto, esta es mi situación en el momento. Miraré sin pestañear la realidad de ella; pero también abriré mis manos para aceptar de buena gana cualquier cosa que un Padre amoroso me envíe.

Catherine Marshall

Siempre es posible hacer la voluntad de Dios. En todo lugar y momento está dentro de nuestra capacidad rendirnos a la voluntad de Dios.

Elisabeth Elliot

Rendirse al Señor no es un tremendo sacrificio, no es una obra agonizante. Es lo más sensato que se puede hacer.

Corrie ten Boom

Confía en Él

Cuando te encuentres con situaciones que no puedas cambiar, debes aprender la sabiduría de la aceptación… y debes aprender a confiar en Dios.

Capítulo 46

Obediencia ahora

No todo el que me dice: Señor, Señor, entrará en el reino de los cielos, sino el que hace la voluntad de mi Padre que está en los cielos.

Mateo 7:21, RVR-1960

Las leyes de Dios son eternas e inmutables: la obediencia conduce a abundancia y gozo; la desobediencia conduce al desastre. Dios nos ha dado un manual para la vida recta llamado la Santa Biblia. Si confiamos en la Palabra de Dios y vivimos por ella, somos bendecidas. Pero si escogemos ignorar los mandamientos de Dios, los resultados son tan predecibles como trágicos.

La vida es una serie de decisiones y elecciones. Cada día, tomamos incontables decisiones que pueden acercarnos más a Dios… o no. Cuando vivimos según los mandamientos de Dios, nos ganamos para nosotras la abundancia y la paz que Él quiere para nuestras vidas.

¿Buscas la paz de Dios y sus bendiciones? Entonces obedécele. Cuando te enfrentes a una potente tentación o a una decisión difícil, busca el consejo de Dios y confía en el consejo que Él da. Invita a Dios a tu corazón y vive según sus mandamientos. Cuando lo hagas, serás bendecida hoy, y mañana, y siempre.

Más de la Palabra de Dios

Y el que guarda sus mandamientos, permanece en Dios, y Dios en él. Y en esto sabemos que él permanece en nosotros, por el Espíritu que nos ha dado.

1 Juan 3:24, RVR-1960

Mi conclusión final es la siguiente: teme a Dios y obedece sus mandatos.

Eclesiastés 12:13, NTV

Si escuchan y obedecen a Dios, serán bendecidos con prosperidad por el resto de su vida. Todos sus años serán agradables.

Job 36:11, NTV

Nunca supongamos que la obediencia es imposible o que la santidad es solamente para unos pocos elegidos. Nuestro Pastor nos guía por caminos de justicia, no por causa de nuestro nombre, sino por el de Él.

Elisabeth Elliot

La cruz que Jesús nos manda llevar a ti y a mí es la cruz de la obediencia sumisa a la voluntad de Dios, incluso cuando su voluntad incluya sufrimiento, dificultad, y cosas que no queremos hacer.

Anne Graham Lotz

Puede que no siempre veamos resultados inmediatos, pero lo único que Dios quiere es nuestra obediencia y fidelidad.

Vonette Bright

Confía y obedece

Cuando eres obediente a Dios, estás segura; cuando no lo eres, no estás segura.

Capítulo 47

Buscar comunión

Y todo el pueblo se fue a comer y a beber, y a obsequiar por-
ciones, y a gozar de grande alegría, porque habían entendido
las palabras que les habían enseñado.

Nehemías 8:12, RVR-1960

La comunión con otros creyentes debería ser una
parte integral de tu vida cotidiana. Tu relación con
otros cristianos debería ser edificante, reveladora,
alentadora y regular.

¿Eres un miembro activo de tu propia congregación? ¿Eres una constructora de puentes dentro de las
cuatro paredes de tu iglesia y fuera de ella? ¿Contribuyes
a la gloria de Dios al contribuir con tu tiempo y tu talento con un grupo unido de creyentes? Espero que sí. La
comunión de los creyentes ha de ser una poderosa
herramienta para extender las buenas nuevas
de Dios y edificar a sus hijos.

Dios quiere que seas un miembro que
aporta a esa congregación. Tus intenciones
deberían ser las mismas.

Más de la Palabra de Dios

¿No saben que ustedes son templo de Dios y que el Espíritu de Dios habita en ustedes?

1 Corintios 3:16, NVI

No se asocien íntimamente con los que son incrédulos. ¿Cómo puede la justicia asociarse con la maldad? ¿Cómo puede la luz vivir con las tinieblas?

2 Corintios 6:14, NTV

Él hace que todo el cuerpo encaje perfectamente. Y cada parte, al cumplir con su función específica, ayuda a que las demás se desarrollen, y entonces todo el cuerpo crece y está sano y lleno de amor.

Efesios 4:16, NTV

Y el fruto de justicia se siembra en paz para aquellos que hacen la paz.

Santiago 3:18, RVR-1960

Está unido con otros cristianos. Una pared con ladrillos sueltos no es buena. Los ladrillos deben estar cimentados juntos.

Corrie ten Boom

Una de las maneras en que Dios nos rellena después del fracaso es mediante la bendición de la comunión cristiana. Tan sólo experimentar el gozo de actividades sencillas compartidas con otros hijos de Dios puede tener un efecto sanador en nosotros.

Anne Graham Lotz

En los planes de Dios, te resultará muy difícil encontrar muchos ejemplos de exitosos "llaneros solitarios".

Luci Swindoll

Las recompensas de la comunión

Necesitas comunión con hombres y mujeres de fe. Y tus amigos cristianos necesitan comunión contigo. Por lo tanto, ¿a qué estás esperando?

Capítulo 48

El tiempo de Dios

Todo lo hizo hermoso en su tiempo; y ha puesto eternidad en
el corazón de ellos, sin que alcance el hombre a entender la
obra que ha hecho Dios desde el principio hasta el fin.

Eclesiastés 3:11, RVR-1960

Si buscas sinceramente ser una mujer de fe, entonces debes aprender a confiar en el tiempo de Dios. Serás sumamente tentada, sin embargo, a hacer lo contrario. Debido a que eres un ser humano falible, eres impaciente para que sucedan cosas; pero Dios es más sabio.

Dios ha creado un mundo que se desarrolla según su propio calendario, no el nuestro… ¡gracias a Dios! Nosotros los mortales podríamos estropear terriblemente las cosas. Dios no lo hace.

El plan de Dios no siempre sucede del modo en que nos gustaría o en el momento que nosotras decidamos. Nuestra tarea, como cristianas creyentes que confían en un Padre benevolente y que todo lo sabe, es esperar

pacientemente a que Dios se revele. Y Él se revelará. Siempre. Pero hasta que el perfecto plan de Dios se dé a conocer, debemos andar en fe y no perder nunca la esperanza.
Y debemos seguir confiando en Él. Siempre.

Más de la Palabra de Dios

*Humíllense, pues, bajo la poderosa mano de Dios, para que
él los exalte a su debido tiempo.*

1 Pedro 5:6, NVI

*De un solo hombre creó todas las naciones de toda la tie-
rra. De antemano decidió cuándo se levantarían y cuándo
caerían, y determinó los límites de cada una. Su propósito
era que las naciones buscaran a Dios y, quizá acercándose a
tientas, lo encontraran; aunque él no está lejos de ninguno
de nosotros.*

Hechos 17:26-27, NTV

*Pon tu esperanza en el Señor; ten valor, cobra ánimo; ¡pon tu
esperanza en el Señor!*

Salmos 27:4, NVI

Cuando leemos de los grandes líderes de la Biblia, vemos que no era poco común que Dios les pidiera esperar, no sólo un día o dos, sino durante años, hasta que Dios estuviese listo para que ellos actuasen.

Gloria Gaither

El silencio de Dios no es de ninguna manera indicativo de su actividad o participación en nuestras vidas. Puede que Él esté en silencio, pero no está quieto.

Charles Swindoll

Debemos dejar en manos de Dios responder nuestras oraciones a su manera más sabia. A veces, somos muy impacientes y pensamos que Dios no responde. ¡Dios siempre responde! ¡Él nunca falla! Estemos quietos. Permanezcamos en Él.

Sra. de Charles E. Cowman

Confía en el tiempo de Él.

No sabes con precisión lo que necesitas, o cuándo lo necesitas, pero Dios sí lo sabe. Por lo tanto, confía en el tiempo de Él.

Capítulo 49

Escoger ser amable

Y que el Señor haga crecer y sobreabundar el amor que tienen unos por otros.

1 Tesalonicenses 3:12, NTV

Cristo mostró su amor por nosotros al sacrificar voluntariamente su propia vida para que pudiéramos tener vida eterna: "Pero Dios demuestra su amor por nosotros en esto: en que cuando todavía éramos pecadores, Cristo murió por nosotros" (Romanos 5:8, NVI). Nosotras, como seguidoras de Cristo, somos desafiadas a compartir su amor con palabras amables en nuestros labios y alabanza en nuestros corazones.

Al igual que Cristo ha sido, y siempre será, el amigo supremo de su rebaño, así deberíamos nosotras ser semejantes a Cristo en la bondad y generosidad que mostramos hacia otros, especialmente quienes más necesidad tienen.

Cuando caminamos cada día con Jesús, y obedecemos los mandamientos que se encuentran en la Santa Palabra de Dios, nos hacemos dignas embajadoras para Cristo. Cuando compartimos el amor de Cristo, compartimos un valioso regalo con el mundo. Como siervas de Él, no debemos hacer menos.

Más de la Palabra de Dios

El que es bondadoso se beneficia a sí mismo; el que es cruel, a sí mismo se perjudica.

Proverbios 11:17, NVI

El amor es paciente, es bondadoso.

1 Corintios 13:4, NVI

Por lo tanto, como escogidos de Dios, santos y amados, revístanse de afecto entrañable y de bondad, humildad, amabilidad y paciencia.

Colosenses 3:12, NVI

Más bien, sean bondadosos y compasivos unos con otros, y perdónense mutuamente, así como Dios los perdonó a ustedes en Cristo.

Efesios 4:32, NVI

La bondad en este mundo hará mucho para ayudar a otros, no sólo para llegar a la luz, sino también para crecer en gracia día a día.

Fanny Crosby

Toda bondad y buenas obras debemos mantener en silencio. El resultado será una reserva interior de poder de personalidad.

Catherine Marshall

Ocúpate tanto del bien que no tengas espacio para la mala voluntad.

E. Stanley Jones

La actitud de bondad es cosa de todos los días, como un estupendo par de zapatos. No frívolas. No de moda. Tan solo sencillos y cómodos.

Barbara Johnson

Las palabras amables marcan una gran diferencia

Las palabras amables tienen ecos que duran toda la vida y más allá.

Capítulo 50

Ser una
cristiana alegre

Mas el de corazón contento tiene un banquete continuo.

Proverbios 15:15, RVR-1960

lgunos días, como toda mujer sabe, es difícil estar contenta. A veces, cuando las demandas del mundo aumentan y nuestra energía se agota, no tenemos muchas ganas de "alegrarnos" y sí más ganas de "llorar". Pero incluso en nuestros momentos más oscuros, podemos acudir a Dios, y Él nos dará consuelo.

Pocas cosas en la vida son más tristes, o en efecto, más absurdas, que un cristiano malhumorado. Cristo nos promete vidas de abundancia y gozo, pero no nos obliga a tener ese gozo. Debemos nosotras mismas reclamar el gozo de Él, y cuando lo hagamos, Jesús a su vez llenará nuestro espíritu de su poder y su amor.

¿Cómo podemos recibir de Cristo el gozo que es nuestro legítimamente? Dándole a Él lo que es legítimamente suyo: nuestro corazón y nuestra alma.

Cuando nos entregamos sinceramente al Salvador de la humanidad, y cuando situamos a Jesús en el centro de nuestra vida y confiamos en Él como nuestro Salvador personal, Él nos transforma, no sólo para el presente, sino para toda la eternidad. Entonces, como hijas de Dios, podemos compartir el gozo de Cristo y su mensaje con un mundo que necesita ambas cosas.

Más de la Palabra de Dios

Cada uno dé como propuso en su corazón: no con tristeza, ni por necesidad, porque Dios ama al dador alegre.

2 Corintios 9:7, RVR-1960

[Jacob dijo:] ¡Y qué alivio es ver tu amigable sonrisa! ¡Es como ver el rostro de Dios!

Génesis 33:10, NTV

Háganlo todo sin quejas ni contiendas, para que sean intachables y puros

Filipenses 2:14-15, NVI

Podemos correr, caminar, tropezar, conducir o volar, pero nunca perdamos de vista la razón del viaje, ni perdamos la oportunidad de ver un arco iris en el camino.

Gloria Gaither

Cuando llevamos luz del sol a las vidas de otros, nosotras mismas somos calentadas por ese sol. Cuando derramamos un poco de felicidad, nos salpica.

Barbara Johnson

La alegría es su propia recompensa, pero no su única recompensa.

Criswell Freeman

Dios es bueno, y el cielo es para siempre. Y si estos dos hechos no te alegran, nada lo hará.

Marie T. Freeman

Estar alegre tiene su recompensa

La alegría es su propia recompensa, pero no su única recompensa.

Capítulo 51

Tu creciente relación con Jesús

Pero el que guarda su palabra, en éste verdaderamente el amor de Dios se ha perfeccionado; por esto sabemos que estamos en él. El que dice que permanece en él, debe andar como él anduvo.

1 Juan 2:5-6, RVR-1960

¿Quién es el mejor amigo que este mundo haya tenido jamás? Jesús, desde luego. Y cuando formas una relación transformadora con Él, Él será tu mejor amigo también… tu amigo para siempre.

Jesús ha ofrecido compartir los regalos de la vida eterna y el amor eterno con el mundo y contigo. Si cometes errores, Él estará a tu lado. Si no obedeces sus mandamientos, Él te seguirá amando. Si te sientes sola o preocupada, Él puede tocar tu corazón y levantarte el ánimo.

Jesús quiere que disfrutes de una vida feliz, saludable y abundante. Él quiere que camines con Él y compartas sus buenas nuevas. Tú puedes hacerlo. Y con un amigo como Jesús, lo harás.

Más de la Palabra de Dios

En el principio era el Verbo, y el Verbo era con Dios, y el Verbo era Dios... Y aquel Verbo fue hecho carne, y habitó entre nosotros (y vimos su gloria, gloria como del unigénito del Padre), lleno de gracia y de verdad.

Juan 1:1, 14, RVR-1960

Despojémonos del lastre que nos estorba, en especial del pecado que nos asedia, y corramos con perseverancia la carrera que tenemos por delante. Fijemos la mirada en Jesús, el iniciador y perfeccionador de nuestra fe.

Hebreos 12:1-2

Jesucristo es el mismo ayer, y hoy, y por los siglos.

Hebreos 13:8, RVR-1960

Cuéntame la historia de Jesús. Escribe en mi corazón cada palabra. Cuéntame la historia más preciosa, más dulce que se haya oído jamás.

Fanny Crosby

Jesús hace visible a Dios. Pero esa verdad no le hace en cierto modo menos que Dios. Él es igualmente supremo con Dios.

Anne Graham Lotz

La pregunta crucial para cada uno de nosotros es esta: ¿Qué crees de Jesús, y tienes ya un conocimiento personal de Él?

Hannah Whitall Smith

Cuando estamos en una situación en que Jesús es lo único que tenemos, pronto descubrimos que Él es lo único que realmente necesitamos.

Gigi Graham Tchividjian

Síguele a Él

Jesús es la luz del mundo. Dios quiere que Él sea la luz de tu vida.

Capítulo 52

La dirección de
tus pensamientos

*Por último, hermanos, consideren bien todo lo verdadero,
todo lo respetable, todo lo justo, todo lo puro, todo lo amable,
todo lo digno de admiración, en fin, todo lo que sea excelente
o merezca elogio.*

Filipenses 4:8, NVI

Los pensamientos son cosas intensamente poderosas. Nuestros pensamientos tienen el poder de
elevarnos o de arrastrarnos; tienen el poder de
vigorizarnos o de agotarnos, de inspirarnos a mayores
logros o de hacer que esos logros sean imposibles.

El obispo Fulton Sheen observó correctamente: "La
mente es como un reloj que constantemente va gas-
tando la cuerda. Hay que darle cuerda diariamente con buenos pensamientos". Pero a veces,
incluso para los creyentes más fieles, dar
cuerda a nuestros relojes intelectuales es
ciertamente difícil.

Si pensamientos negativos te han dejado preocupada, agotada o ambas cosas, es tiempo de reajustar tus patrones de pensamiento. Pensar negativamente forma hábito; afortunadamente, también lo hace el pensar positivamente. Y te corresponde a ti entrenar tu mente para enfocarte en el poder de Dios y en tus posibilidades. Ambos son mucho mayores de lo que puedes imaginar.

Más de la Palabra de Dios

Así que piensen con claridad y ejerciten el control propio. Pongan su esperanza en la salvación inmerecida que recibirán cuando Jesucristo sea revelado al mundo.

1 Pedro 1:13, NTV

Acérquense a Dios, y él se acercará a ustedes.

Santiago 4:8, NVI

Hijo mío, conserva el buen juicio; no pierdas de vista la discreción. Te serán fuente de vida, te adornarán como un collar.

Proverbios 3:21-22, NVI

Al igual que por la fe hemos dicho no al pecado, así deberíamos por la fe decir sí a Dios y fijar nuestra mente en las cosas de arriba, donde está Cristo sentado en los lugares celestiales.

Vonette Bright

No más pensamientos imperfectos. No más recuerdos tristes. No más ignorancia. Mi cuerpo redimido tendrá una mente redimida. Dame una probada de esa mente perfecta al reflejar tus pensamientos en mí este día.

Joni Eareckson Tada

La actitud es el pincel de la mente; puede dar color a cada situación.

Barbara Johnson

Toma el control de tus pensamientos

O bien puedes controlar tus pensamientos, o ellos sin duda te controlarán a ti.

Capítulo 53

Más allá de la preocupación

No se inquieten por nada; más bien, en toda ocasión, con oración y ruego, presenten sus peticiones a Dios y denle gracias.

Filipenses 4:6, NVI

S i eres como la mayoría de mujeres, es simplemente un hecho de la vida: de vez en cuando, te preocupas. Te preocupas por la salud, por las finanzas, por la seguridad, por las relaciones, por la familia, y por otros incontables desafíos de la vida, algunos grandes y otros pequeños. ¿Dónde está el mejor lugar para llevar tus preocupaciones? Llévalas a Dios. Llévale a Él tus problemas, y tus temores, y tus tristezas.

Barbara Johnson observó correctamente: "La preocupación es el proceso sin sentido de llenar las oportunidades del mañana con los problemas sobrantes del presente". Por lo tanto, si te gustaría sacar el máximo a este día (y a cada uno de aquí en adelante), lleva tus preocupaciones a un Poder mayor que tú misma y emplea tu valioso tiempo y energía resolviendo los problemas que tú puedes arreglar.

Más de la Palabra de Dios

No se angustien. Confíen en Dios, y confíen también en mí.

Juan 14:1, NVI

Vengan a mí todos ustedes que están cansados y agobiados, y yo les daré descanso. Carguen con mi yugo y aprendan de mí, pues yo soy apacible y humilde de corazón, y encontrarán descanso para su alma. Porque mi yugo es suave y mi carga es liviana.

Mateo 11:28-30, NVI

Así que no se preocupen diciendo: "¿Qué comeremos?" o "¿Qué beberemos?" o "¿Con qué nos vestiremos?" Porque los paganos andan tras todas estas cosas, y el Padre celestial sabe que ustedes las necesitan. Más bien, busquen primeramente el reino de Dios y su justicia, y todas estas cosas les serán añadidas. Por lo tanto, no se angustien por el mañana, el cual tendrá sus propios afanes. Cada día tiene ya sus problemas.

Mateo 6:31-34, NVI

No somos llamados a llevar cargas, sino a llevar la cruz y llevar la luz. Debemos echar nuestras cargas sobre el Señor.

Corrie ten Boom

Esta vida de fe, entonces, consiste simplemente en esto: ser un hijo en la casa del Padre. Deja que la confianza infantil y la libertad de la preocupación, que tanto te agradan y se ganan tu corazón cuando observas a tus pequeños, te enseñen lo que deberías ser en tu actitud hacia Dios.

Hannah Whitall Smith

El presente es mío. El mañana no es asunto mío. Si miro ansiosamente en la neblina del futuro, forzaré mis ojos espirituales tanto que no veré con claridad lo que se requiere de mí ahora.

Elisabeth Elliott

Confía en sus promesas

Trabaja duro, ora más, y si tienes alguna preocupación, llévala a Dios; y déjala ahí.

Capítulo 54

Estudiar la Palabra de Dios

Tu palabra es una lámpara a mis pies; es una luz en mi sendero.

Salmos 119:105, NVI

Como ser espiritual, tienes el potencial de crecer en tu conocimiento personal del Señor cada día de tu vida. Puedes hacerlo mediante la oración, mediante la adoración, mediante una apertura al Espíritu Santo de Dios, y mediante un atento estudio de la Santa Palabra de Dios.

Tu Biblia contiene poderosas recetas para la vida diaria. Si buscas sinceramente caminar con Dios, deberías comprometerte al estudio detallado de sus enseñanzas. La Biblia puede y debería ser tu mapa de ruta para cada aspecto de tu vida.

¿Buscas establecer una relación más cercana con tu Padre celestial? Entonces estudia su Palabra cada día, sin excepciones. La Santa Biblia es un regalo de Dios invaluable y único. Trátala de esa manera y léela de esa manera.

Más de la Palabra de Dios

Así que la fe es por el oír, y el oír, por la palabra de Dios.

Romanos 10:17, RVR-1960

Las promesas del Señor son puras como la plata refinada en el horno…

Salmos 12:6, NTV

Bienaventurados los que tienen hambre y sed de justicia, porque ellos serán saciados.

Mateo 5:6, RVR-1960

A la verdad, no me avergüenzo del evangelio, pues es poder de Dios para la salvación de todos los que creen.

Romanos 1:16, NVI

No te preocupes por lo que no entiendes de la Biblia.
Preocúpate por lo que sí entiendes y no lo vives.

Corrie ten Boom

El balance de afirmación y disciplina, de libertad y freno,
de aliento y advertencia, es diferente para cada hijo, época
y generación; sin embargo, los absolutos de la Palabra de
Dios son necesarios y confiables, sin importar lo mercu-
rial que sea el tiempo.

Gloria Gaither

La clave de mi entendimiento de la Biblia es una relación
personal con Jesucristo.

Oswald Chambers

Estudia su Palabra

Nunca eres demasiado joven, ni demasiado mayor, para
convertirte en una seria estudiante de la Palabra de Dios.

Capítulo 55

Más allá de la envidia

Andemos como de día, honestamente; no en glotonerías y borracheras, no en lujurias y lascivias, no en contiendas y envidia.

Romanos 13:13, RVR-1960

En un mundo competitivo y despiadado, es fácil llegar a tener envidia de los éxitos de otros. Pero eso está mal.

Sabemos intuitivamente que la envidia está mal, pero debido a que somos seres humanos frágiles e imperfectos, puede que nos encontremos batallando con sentimientos de envidia o resentimiento, o ambos. Esos sentimientos pueden ser especialmente fuertes cuando vemos a otras personas experimentar una inusual buena fortuna.

¿Has sentido recientemente las punzadas de la envidia colándose en tu corazón? Si es así, es momento de enfocarte en las cosas maravillosas que Dios ha hecho por ti y por tu familia. E igualmente importante, debes refrenarte de preocuparte por las bendiciones que Dios ha escogido dar a otros.

Por lo tanto, esta es una fórmula segura para una vida más feliz y más saludable: cuenta tus propias bendiciones y deja que los demás cuenten las suyas. Esa es la piadosa manera de vivir.

Más de la Palabra de Dios

No codicies la casa de tu prójimo... ni ninguna otra cosa que le pertenezca.

Éxodo 20:17, NTV

Refrena tu enojo, abandona la ira; no te irrites, pues esto conduce al mal.

Salmos 37:8, NVI

No nos hagamos vanagloriosos, irritándonos unos a otros, envidiándonos unos a otros.

Gálatas 5:26, RVR-1960

La mentalidad pecaminosa es muerte, mientras que la mentalidad que proviene del Espíritu es vida y paz.

Romanos 8:6, NVI

El descontento seca el alma.

Elisabeth Elliot

Lo que Dios pida, haga o requiera de otros no es asunto mío; es asunto de Él.

Kay Arthur

Demasiados cristianos envidian a los pecadores su placer y a los santos su gozo porque no tienen ni lo uno ni lo otro.

Martín Lutero

Ocasionalmente podríamos ser capaces de cambiar nuestras circunstancias, pero sólo Dios puede cambiar nuestros corazones.

Beth Moore

Guárdate de la envidia

La envidia es un pecado. Además, es una importante pérdida de tiempo y energía. Así que sobreponte a ella.

Capítulo 56

El amor según Dios

Y éste es mi mandamiento: que se amen los unos a los otros, como yo los he amado.

Juan 15:12, NVI

Como mujer, conoces el profundo amor que albergas en tu corazón por tu propia familia y amigos. Como hija de Dios, sólo puedes imaginar el infinito amor que tu Padre celestial alberga por ti.

Dios te creó a su imagen y te dio salvación mediante la persona de su Hijo Jesucristo. Y ahora, precisamente porque eres una maravillosa creación atesorada por Dios, se presenta una pregunta: ¿Qué harás como respuesta al amor del Creador? ¿Lo ignorarás o lo aceptarás? ¿Lo corresponderás o lo descuidarás? Esa decisión, desde luego, es tuya y solamente tuya.

Cuando aceptas el amor de Dios, el propósito de tu vida cambia para siempre. Cuando aceptas el amor de Dios, sientes de modo diferente en cuanto a ti, tus vecinos, tu familia y tu mundo. Más importante, compartes el mensaje de Dios, y su amor, con los demás.

Tu Padre celestial, un Dios de infinito amor y misericordia, está esperando abrazarte con brazos abiertos. Acepta su amor hoy y siempre.

Más de la Palabra de Dios

Queridos amigos, ya que Dios nos amó tanto, sin duda nosotros también debemos amarnos unos a otros.

1 Juan 4:11, NTV

Sobre todo, ámense los unos a los otros profundamente, porque el amor cubre multitud de pecados.

1 Pedro 4:8, NVI

Y que el Señor haga crecer y sobreabundar el amor que tienen unos por otros y por toda la gente, tanto como sobreabunda nuestro amor por ustedes.

1 Tesalonicenses 3:12, NTV

Quienes abandonan el barco la primera vez que se mete en una tormenta se pierden la calma que llega después. Y cuanto más fuertes sean las tormentas que se soportan juntos, más profundo y fuerte se hace el amor.

Ruth Bell Graham

El amor es la semilla de toda esperanza. Es el aliciente para confiar, arriesgarse, probar y seguir adelante.

Gloria Gaither

Cuando acudimos al Señor en nuestra nada, nuestra incapacidad y nuestra indefensión es cuando Él nos capacita para amar de una manera que, sin Él, sería absolutamente imposible.

Elisabeth Elliot

Su amor es para ser compartido

Dios es amor, y Él espera que compartas su amor con los demás.

Capítulo 57

El poder del aliento

Que el Dios que infunde aliento y perseverancia les conceda vivir juntos en armonía, conforme al ejemplo de Cristo Jesús.

Romanos 15:5, NVI

¿Eres una mujer que es una fuente continua de aliento para tu familia y amigos? Espero que sí. Después de todo, una de las razones por las que Dios te puso aquí es para servir y alentar a otras personas, comenzando con las personas que viven bajo tu techo.

En su carta a los Efesios, Pablo escribe: "Eviten toda conversación obscena. Por el contrario, que sus palabras contribuyan a la necesaria edificación y sean de bendición para quienes escuchan" (4:29, NVI). Este pasaje nos recuerda que, como cristianas, se nos enseña que escojamos con cuidado nuestras palabras a fin de edificar a otros mediante el aliento sano y sincero. ¿Cómo podemos edificar a otros? Celebrando sus victorias y sus logros.

Como dice el viejo dicho: "Cuando alguien haga algo bueno, aplaude; harás felices a dos personas".

En este día, busca lo bueno en otros y celebra el bien que encuentres. Cuando lo hagas, serás una poderosa fuerza de aliento en tu rincón del mundo... y una digna sierva para tu Dios.

Más de la Palabra de Dios

Así que aliéntense y edifíquense unos a otros, tal como ya lo hacen.

1 Tesalonicenses 5:11, NTV

En fin, hermanos, alégrense, busquen su restauración, hagan caso de mi exhortación, sean de un mismo sentir, vivan en paz.

2 Corintios 13:11, NVI

Y considerémonos unos a otros para estimularnos al amor y a las buenas obras.

Hebreos 10:24, RVR-1960

Siempre permanece conectada con personas y busca cosas que te produzcan gozo. Sueña con abandono. Ora con confianza.

Barbara Johnson

Una sola palabra, si se dice con un espíritu amigable, puede ser suficiente para apartar a alguien del peligroso error.

Fanny Crosby

La gloria de la amistad no es la mano extendida, o la amable sonrisa, o el gozo del compañerismo. Es la inspiración espiritual que llega a alguien cuando descubre que otra persona cree en él o ella y está dispuesta a confiarle su amistad.

Corrie ten Boom

Sé una fuente de aliento

La Palabra de Dios te alienta a que alientes a otros. Basta con decir eso.

Capítulo 58

La sabiduría de ser generosa

Lo que ustedes recibieron gratis, denlo gratuitamente.

Mateo 10:8, NVI

El hilo de la generosidad está entretejido, de manera completa e inextricable, en el lienzo mismo de las enseñanzas de Cristo. Cuando Él envió a sus discípulos a sanar enfermos y extender el mensaje de salvación, les ofreció este principio para guiarles: "Lo que ustedes recibieron gratis, denlo gratuitamente" (Mateo 10:8, NVI). El principio sigue teniendo aplicación. Si queremos ser discípulas de Cristo, debemos dar gratuitamente de nuestro tiempo, nuestras posesiones y nuestro amor.

Lisa Whelchel habló para las mujeres cristianas en todo lugar cuando observó: "El Señor me ha bendecido abundantemente durante toda mi vida. No intento pagarle por todos sus maravillosos regalos; tan sólo entiendo que Él me los dio para que yo los diera". Todas nosotras hemos sido bendecidas, y todas somos llamadas a compartir esas bendiciones sin reserva.

Hoy, haz esta promesa y cúmplela: ser una dadora alegre, generosa y valiente. El mundo necesita tu ayuda, y tú necesitas las recompensas espirituales que serán tuyas cuando compartas tus posesiones, tus talentos y tu tiempo.

Más de la Palabra de Dios

Cada uno dé como propuso en su corazón: no con tristeza, ni por necesidad, porque Dios ama al dador alegre.

2 Corintios 9:7, RVR-1960

Y he sido un ejemplo constante de cómo pueden ayudar con trabajo y esfuerzo a los que están en necesidad. Deben recordar las palabras del Señor Jesús: "Hay más bendición en dar que en recibir".

Hechos 20:35, NTV

Ayúdense unos a otros a llevar sus cargas, y así cumplirán la ley de Cristo.

Gálatas 6:2, NVI

Cuando alguien necesita una mano de ayuda, no la necesita mañana o al día siguiente. La necesita ahora, y es ahí exactamente cuando deberías ofrecer ayuda. Las buenas obras, si son realmente buenas, se producen más temprano que tarde.

Marie T. Freeman

Ora para tener un pellejo duro y un corazón tierno.

Ruth Bell Graham

No podemos hacerlo todo, pero ¿podemos hacer algo más valioso que invertir nuestra vida en otro?

Elisabeth Elliot

Vida abundante significa dar de modo abundante.

E. Stanley Jones

Sé generosa

Dios te ha dado mucho, y Él quiere que compartas sus regalos con los demás.

Capítulo 59

Santidad antes que felicidad

Bienaventurados los que tienen hambre y sed de justicia, porque ellos serán saciados.

Mateo 5:6, RVR-1960

¿Cómo vives una vida que esté "a cuentas con Dios"? Aceptando al Hijo de Dios y obedeciendo sus mandamientos. Aceptar a Cristo es una decisión que tomamos una vez; seguir en sus pasos requiere miles de decisiones cada día.

¿De quién son los pasos que seguirás hoy? ¿Honrarás a Dios mientras te esfuerzas por seguir a su Hijo? ¿O te unirás a la legión que camina junta y busca descubrir la felicidad y la satisfacción mediante medios terrenales? Si eres recta y sabia, seguirás a Cristo. Le seguirás hoy y cada día. Buscarás caminar en sus pasos sin reserva o duda. Cuando lo hagas, estarás "a cuentas con Dios" precisamente porque estás caminando bien con su Hijo unigénito.

Más de la Palabra de Dios

Pero la sabiduría que es de lo alto es primeramente pura, después pacífica, amable, benigna, llena de misericordia y de buenos frutos, sin incertidumbre ni hipocresía.

Santiago 3:17, RVR-1960

Busquen la paz con todos, y la santidad, sin la cual nadie verá al Señor.

Hebreos 12:14, NVI

Dado que todo lo que nos rodea será destruido de esta manera, ¡cómo no llevar una vida santa!

2 Pedro 3:11, NTV

Pero ahora sean santos en todo lo que hagan, tal como Dios, quien los eligió, es santo. Pues las Escrituras dicen: «Sean santos, porque yo soy santo».

2 Pedro 1:15-16, NTV

La santidad no está en un estilo o un traje. No es asunto de reglas y regulaciones. Es un modo de vida que emana quietud y descanso, gozo en la familia, placeres compartidos con amigos, la ayuda de un vecino; y la esperanza de un Salvador.

Joni Eareckson Tada

La santidad nunca ha sido la fuerza impulsora de la mayoría. Es, sin embargo, obligada para cualquiera que quiera entrar en el reino.

Elisabeth Elliot

Nuestras aflicciones están pensadas no para quebrantarnos sino para inclinarnos hacia lo eterno y lo santo.

Barbara Johnson

Confía y obedece

Dios es santo y quiere que tú seas santa. Deberías asegurarte de que tu respuesta al amor de Dios sea obediencia a Él.

Capítulo 60

Hacer de las prioridades de Dios tus prioridades

Acérquense a Dios, y él se acercará a ustedes.

Santiago 4:8, NVI

¿Has pedido a Dios fervientemente que te ayude a establecer prioridades en tu vida? ¿Le has pedido guía y la valentía para hacer las cosas que sabes que es necesario hacer? Si es así, entonces estás continuamente invitando a tu Creador a revelarse a sí mismo de diversas formas. Como seguidora de Cristo, no debes hacer menos.

Cuando haces de las prioridades de Dios tus prioridades, recibirás la abundancia de Dios y su paz. Cuando hagas a Dios un socio pleno en cada aspecto de tu vida, Él te guiará por el camino adecuado: su camino. Cuando permitas a Dios que reine en tu corazón, Él te honrará con bendiciones espirituales que son simplemente demasiado numerosas para contarlas. Por lo tanto, al hacer planes para el día que hay por delante, haz de la voluntad de Dios tu prioridad suprema. Cuando lo hagas, todas las demás prioridades tendrán tendencia a encajar perfectamente en su lugar.

Más de la Palabra de Dios

Pero el que me obedezca vivirá tranquilo, sosegado y sin temor del mal.

Proverbios 1:33, NVI

Esto es lo que pido en oración: que el amor de ustedes abunde cada vez más en conocimiento y en buen juicio, para que disciernan lo que es mejor, y sean puros e irreprochables para el día de Cristo.

Filipenses 1:9-10, NVI

Más bien, busquen primeramente el reino de Dios y su justicia, y todas estas cosas les serán añadidas.

Mateo 6:33, NVI

Y decía a todos: Si alguno quiere venir en pos de mí, niéguese a sí mismo, tome su cruz cada día, y sígame. Porque todo el que quiera salvar su vida, la perderá; y todo el que pierda su vida por causa de mí, éste la salvará.

Lucas 9:23-24, RVR-1960

Qué importante es para nosotros, jóvenes y viejos, vivir como si Jesús regresara cualquier día; establecer nuestras metas, tomar nuestras decisiones, educar a nuestros hijos, y conducir los negocios con la perspectiva del inminente regreso de nuestro Señor.

Gloria Gaither

Cualquier cosa que más quieras, ya sean deportes, placer, negocios o Dios, ese es tu dios.

Billy Graham

Benditos los que saben para qué están aquí en la tierra y se proponen la tarea de hacerlo.

Max Lucado

Tus prioridades importan

Las prioridades que escojas dictarán la vida que vivas. Por lo tanto, escoge con cuidado.

Capítulo 61

La amargura pone distancia entre tú y Dios

El odio provoca peleas, pero el amor cubre todas las ofensas.
Proverbios 10:12, NTV

¿Estás atrapada en la ciénaga de la amargura o el lamento? Si es así, es momento de liberarte de esa ciénaga. El mundo tiene pocas recompensas, si es que alguna, para quienes permanecen enojadamente enfocados en el pasado. Aun así, el acto del perdón es difícil para todos, incluso los hombres y las mujeres más santos.

Al ser seres humanos falibles e imperfectos, la mayoría de nosotras somos rápidas para el enojo, rápidas para culpar, lentas para perdonar, e incluso más lentas para olvidar. Sin embargo, sabemos que es mejor perdonar a otros, al igual que también nosotras hemos sido perdonadas.

Si existe aunque sea una persona, incluida tú misma, contra la que aún guardes

sentimientos de amargura, es momento de perdonar y seguir adelante. La amargura y el lamento no son parte del
plan de Dios para ti, pero Dios no te obligará a perdonar
a otros. Es una tarea que solamente tú puedes terminar, y
cuanto antes la termines, mejor.

Más de la Palabra de Dios

*Abandonen toda amargura, ira y enojo, gritos y calumnias,
y toda forma de malicia. Más bien, sean bondadosos y compasivos unos con otros, y perdónense mutuamente, así como
Dios los perdonó a ustedes en Cristo.*

Efesios 4:31-32, NVI

*Pues, donde hay envidias y ambiciones egoístas, también ha-
brá desorden y toda clase de maldad.*

Santiago 3:16, NTV

*No tomen venganza, hermanos míos, sino dejen el castigo en
las manos de Dios, porque está escrito: «Mía es la venganza;
yo pagaré», dice el Señor.*

Romanos 12:19, NVI

Amargura es el precio que nos hacemos pagar a nosotras mismas por no estar dispuestas a perdonar.

Marie T. Freeman

El perdón es la llave que abre la puerta del resentimiento y las esposas del odio. Es un poder que rompe las cadenas de la amargura y los grilletes del egoísmo.

Corrie ten Boom

La amargura es un cáncer espiritual, un mal que crece rápidamente y puede consumir tu vida. La amargura no puede ser ignorada, sino que debe ser sanada desde su raíz misma, y solamente Cristo puede sanar la amargura.

Beth Moore

Haz la paz con tu pasado

Nunca puedes disfrutar plenamente del presente si estás amargada por el pasado. En lugar de vivir en el pasado, haz la paz con él… y sigue adelante.

Capítulo 62

Contando sus bendiciones

*Haré que ellas y los alrededores de mi colina sean una fuente
de bendición. Haré caer lluvias de bendición en el tiempo
oportuno.*

Ezequiel 34:26, NVI

El Salmo 145 hace esta promesa: "El Señor es clemente y compasivo, lento para la ira y grande en
amor. El Señor es bueno con todos; él se compadece
de toda su creación" (8-9, NVI). Como hijas de Dios,
somos bendecidas sin medida, pero a veces, como mujeres ocupadas en un mundo demandante, somos lentas
para contar nuestras bendiciones e incluso más lentas
para dar gracias al Dador. Nuestras bendiciones incluyen
vida y salud, familia y amigos, libertad y posesiones; eso
para empezar. Y los dones que recibimos de Dios
son multiplicados cuando los compartimos
con otros. Que siempre demos gracias a
Dios por nuestras bendiciones, y que siempre demostremos nuestra gratitud al compartirlas.

Más de la Palabra de Dios

Pido también que les sean iluminados los ojos del corazón para que sepan a qué esperanza él los ha llamado, cuál es la riqueza de su gloriosa herencia entre los santos, y cuán incomparable es la grandeza de su poder a favor de los que creemos. Ese poder es la fuerza grandiosa y eficaz.

Efesios 1:18-19, NVI

Haré de ti una nación grande, y te bendeciré; haré famoso tu nombre, y serás una bendición. Bendeciré a los que te bendigan y maldeciré a los que te maldigan; ¡por medio de ti serán bendecidas todas las familias de la tierra!

Génesis 12:2-3, NVI

Me mostrarás la senda de la vida; en tu presencia hay plenitud de gozo; delicias a tu diestra para siempre.

Salmos 16:11, RVR-1960

Jesús quiso que fuésemos abrumados por las bendiciones de los días comunes. Él dijo que era la razón por la que había venido: "He venido para que tengan vida, y para que la tengan en abundancia".

Gloria Gaither

La vida cristiana está motivada no por una lista de cosas que hacer y no hacer, sino por el misericordioso derramamiento del amor y las bendiciones de Dios.

Anne Graham Lotz

No hay secreto alguno que pueda separarte del amor de Dios; no hay secreto alguno que pueda separarte de sus bendiciones; no hay secreto alguno que valga la pena guardar de su gracia.

Serita Ann Jakes

Eres bendecida

Dios nos da incontables bendiciones. Nosotras, a su vez, deberíamos darle nuestra gratitud y nuestra alabanza.

Capítulo 63

Discipulado ahora

¡Ya se te ha declarado lo que es bueno! Ya se te ha dicho lo que de ti espera el Señor: Practicar la justicia, amar la misericordia, y humillarte ante tu Dios.

Miqueas 6:8, NVI

Cuando Jesús se dirigió a sus discípulos, les advirtió que cada uno debía "tomar su cruz y seguirme". Los discípulos debieron de haber sabido exactamente lo que quiso decir el Maestro. En tiempos de Jesús, los prisioneros eran obligados a llevar sus propias cruces al lugar donde serían muertos. Así, el mensaje de Cristo fue claro: a fin de seguirle, los discípulos de Cristo deben negarse a sí mismos y, en cambio, confiar en Él por completo. Nada ha cambiado desde entonces.

Si hemos de ser discípulas de Cristo, debemos confiar en Él y ponerle a Él en el centro mismo de nuestro ser. Jesús nunca está "después". Él es siempre el primero. La paradoja, desde luego, es que solamente al entregarnos en sacrificio a Él obtenemos salvación para nosotras mismas.

¿Quieres ser una discípula digna de Cristo? Entonces toma tu cruz hoy y cada día que vivas. Cuando lo hagas, Él te bendecirá ahora y para siempre.

Más de la Palabra de Dios

Por tanto, imiten a Dios, como hijos muy amados.

Efesios 5:1, NVI

No lo hagan sólo cuando los estén mirando, como los que quieren ganarse el favor humano, sino como esclavos de Cristo, haciendo de todo corazón la voluntad de Dios. Sirvan de buena gana, como quien sirve al Señor y no a los hombres.

Efesios 6:6-7, NVI

«Vengan, síganme —les dijo Jesús—, y los haré pescadores de hombres». Al momento dejaron las redes y lo siguieron.

Marcos 1:17-18, NVI

Sean llenos del Espíritu Santo; únanse a una iglesia donde los miembros crean en la Biblia y conozcan al Señor; busquen la comunión de otros cristianos; aprendan y sean alimentados por la Palabra de Dios y sus muchas promesas. La conversión no es el final de su viaje; es solamente el comienzo.

Corrie ten Boom

Una vida vivida én Dios no se vive en el plano de los sentimientos, sino de la voluntad.

Elisabeth Elliot

Cuando Jesús puso al niño en medio de sus discípulos, no le dijo al niño que se volviera como sus discípulos; les dijo a los discípulos que se volvieran como el niño.

Ruth Bell Graham

Síguele a Él

Jesús te invita a convertirte en su discípula... y el resto te corresponde a ti.

Capítulo 64

Compartir el amor de Dios

Queridos hermanos, ya que Dios nos ha amado así, también nosotros debemos amarnos los unos a los otros.

1 Juan 4:11, NVI

Debido a que el poder de Dios no tiene límite, está muy por encima de la comprensión de las mentes mortales. Pero aunque no podamos entender plenamente el corazón de Dios, podemos estar abiertas al amor de Dios.

La capacidad de amar de Dios no está cargada por límites temporales o por limitaciones terrenales. El amor que fluye del corazón de Dios es infinito; y hoy nos presenta otra oportunidad de celebrar ese amor.

Tú eres una creación gloriosa, un individuo único, un hermoso ejemplo de la obra de Dios. El amor de Dios por ti es ilimitado. Acepta ese amor, reconócelo, y sé agradecida.

Más de la Palabra de Dios

Porque de tal manera amó Dios al mundo, que ha dado a su Hijo unigénito, para que todo aquel que en él cree, no se pierda, mas tenga vida eterna.

Juan 3:16, RVR-1960

Pero el amor del Señor es eterno y siempre está con los que le temen; su justicia está con los hijos de sus hijos, con los que cumplen su pacto y se acuerdan de sus preceptos para ponerlos por obra.

Salmos 103:17-18, NVI

¡Alaben al Señor, naciones todas! ¡Pueblos todos, cántenle alabanzas! ¡Grande es su amor por nosotros! ¡La fidelidad del Señor es eterna! ¡Aleluya! ¡Alabado sea el Señor!

Salmo 117, NVI

Mas Dios muestra su amor para con nosotros, en que siendo aún pecadores, Cristo murió por nosotros.

Romanos 5:8, RVR-1960

Acurrúcate en los brazos de Dios. Cuando estés sufriendo, cuando te sientas sola o desplazada, permite que Él te acune, te consuele, te asegure su poder todo suficiente y su amor.

Kay Arthur

El hecho es que Dios ya no nos trata con juicio sino con misericordia. Si las personas obtuvieran lo que merecen, este viejo planeta se habría despedazado hace siglos. Gloria a Dios porque a causa de su gran amor "no hemos sido consumidos, porque nunca decayeron sus misericordias" (Lamentaciones 3:22).

Joni Eareckson Tada

Ser queridos por Aquel cuya opinión más importa nos da la seguridad para arriesgarnos a amar también; incluso amarnos a nosotros mismos.

Gloria Gaither

Su amor nunca falla

Cuando todo lo demás falla, el amor de Dios no falla. Siempre puedes depender del amor de Dios… y Él es siempre tu protección suprema.

Capítulo 65

Valentía cuando los tiempos son difíciles

Alabado sea el Dios y Padre de nuestro Señor Jesucristo, Padre misericordioso y Dios de toda consolación, quien nos consuela en todas nuestras tribulaciones para que con el mismo consuelo que de Dios hemos recibido, también nosotros podamos consolar a todos los que sufren.

2 Corintios 1:3-4, NVI

La Biblia promete esto: los tiempos difíciles son temporales pero el amor de Dios no lo es; el amor de Dios permanece para siempre. Por lo tanto, ¿qué significa eso para ti? Sencillamente esto: de vez en cuando todo el mundo afronta tiempos difíciles, y tú también lo harás. Y cuando lleguen los tiempos difíciles, Dios siempre estará listo para protegerte y sanarte.

El Salmo 147 promete: "El sana a los quebrantados de corazón" (v. 3, RVR-1960), pero el Salmo 147 no dice que Él los sana al instante. Por lo general, toma tiempo (y quizá un poco de ayuda por tu parte) para que Dios arregle las cosas. Por lo tanto, si te estás enfrentando a tiempos difíciles, hazlo con Dios a tu lado. Si te encuentras en cualquier tipo de problema, ora al respecto y pide ayuda a Dios. Y sé paciente. Dios obrará, como ha prometido, pero lo hará a su propia manera y en su propio tiempo.

Más de la Palabra de Dios

Hermanos míos, considérense muy dichosos cuando tengan que enfrentarse con diversas pruebas, pues ya saben que la prueba de su fe produce constancia. Y la constancia debe llevar a feliz término la obra, para que sean perfectos e íntegros, sin que les falte nada.

Santiago 1:2-4, NVI

En un futuro lejano, cuando estén sufriendo todas esas cosas, finalmente regresarán al Señor su Dios y escucharán lo que él les dice. Pues el Señor su Dios es Dios compasivo; no los abandonará, ni los destruirá, ni se olvidará del pacto solemne que hizo con sus antepasados.

Deuteronomio 4:30-31, NTV

Mide el tamaño de los obstáculos con el tamaño de Dios.

Beth Moore

Si queremos estar firmes y marcar una diferencia para Cristo mientras otros no hacen nada, puedes estar seguro de que encontraremos dificultades, obstáculos, molestias, confusión e inconveniencias; mucho más que el que no hace nada. Y no debería sorprendernos. Tales dificultades mientras servimos a Cristo no son necesariamente sufrimiento; es el status quo.

Joni Eareckson Tada

La única manera de aprender una fe fuerte es soportar grandes pruebas. He aprendido mi fe estando firme en medio de la más severa de las pruebas.

George Mueller

Encontrar valentía

Cuando experimentes tiempos difíciles (y lo harás), una actitud positiva marca una gran diferencia en el modo en que abordas tus problemas.

Capítulo 66

¿Qué tipo de ejemplo?

Ninguno tenga en poco tu juventud, sino sé ejemplo de los creyentes en palabra, conducta, amor, espíritu, fe y pureza.

1 Timoteo 4:12, RVR-1960

Nos guste o no, todas somos ejemplos a seguir. Nuestros amigos y familiares observan nuestras acciones y, como seguidoras de Cristo, estamos obligadas a actuar en consonancia.

¿Qué tipo de ejemplo eres? ¿Eres el tipo de mujer cuya vida sirve como un genuino ejemplo de rectitud? ¿Eres una mujer cuya conducta sirve como un ejemplo a seguir positivo para los jóvenes? ¿Eres el tipo de mujer cuyas acciones, un día tras otro, están basadas en la bondad, la fidelidad y un amor por el Señor? Si es así, no sólo eres bendecida por Dios, sino que también eres una fuerza poderosa para bien en un mundo que necesita desesperadamente influencias positivas como la tuya.

Corrie ten Boom dijo: "No te preocupes por lo que no entiendes. Preocúpate por lo que sí entiendes en la Biblia pero no lo vives". Y ese es un buen consejo, porque nuestras familias y amigos están observando… y también, de efecto, observa Dios.

Más de la Palabra de Dios

Con tus buenas obras, dales tú mismo ejemplo en todo. Cuando enseñes, hazlo con integridad y seriedad.

Tito 2:7, NVI

Háganlo todo sin quejas ni contiendas, para que sean intachables y puros.

Filipenses 2:14-15, NVI

¿Quién es sabio y entendido entre ustedes? Que lo demuestre con su buena conducta, mediante obras hechas con la humildad que le da su sabiduría.

Santiago 3:13, NVI

Tu luz es la verdad del mensaje del evangelio al igual que tu testimonio de quién es Jesús y lo que Él ha hecho por ti. No la escondas.

Anne Graham Lotz

Vivir la vida con un caminar espiritual coherente influencia profundamente a quienes más amamos.

Vonette Bright

En tu deseo de compartir el evangelio, puede que seas el único Jesús que otra persona conocerá jamás. Sé genuina e involúcrate con las personas.

Barbara Johnson

Nuestra confiabilidad da a entender la confiabilidad de Él.

Beth Moore

Sé el tipo de ejemplo correcto

Dios quiere que seas un ejemplo a seguir positivo. Y eso es lo que tú también deberías querer.

Capítulo 67

La decisión suprema

Porque de tal manera amó Dios al mundo, que ha dado a su Hijo unigénito, para que todo aquel que en él cree, no se pierda, mas tenga vida eterna.

Juan 3:16, RVR-1960

La vida eterna no es un acontecimiento que comienza cuando mueres. La vida eterna comienza cuando invitas a Jesús a entrar en tu corazón aquí en esta tierra. Por lo tanto, es importante recordar que los planes de Dios para ti no están limitados a los altibajos de la vida cotidiana. Si has permitido a Jesús reinar en tu corazón, ya has comenzado tu viaje eterno.

Como meros mortales, nuestra visión para el futuro, como nuestras vidas aquí en la tierra, es limitada. La visión de Dios no está cargada por tales limitaciones: sus planes se extienden a través de toda la eternidad.

Alabemos al Creador por su valioso regalo, y compartamos las buenas nuevas con todo aquel que se cruce en nuestro camino. Regresamos al amor de nuestro Padre aceptando su gracia y compartiendo su mensaje y su amor. Cuando lo hacemos, somos bendecidos aquí en la tierra y en toda la eternidad.

Más de la Palabra de Dios

Persigue la justicia y la vida sujeta a Dios, junto con la fe, el amor, la perseverancia y la amabilidad. Pelea la buena batalla por la fe verdadera. Aférrate a la vida eterna a la que Dios te llamó y que confesaste tan bien delante de muchos testigos.

1 Timoteo 6:11-12, NTV

Y esta es la voluntad del que me ha enviado: Que todo aquél que ve al Hijo, y cree en él, tenga vida eterna; y yo le resucitaré en el día postrero.

Juan 6:40, RVR-1960

Y el testimonio es éste: que Dios nos ha dado vida eterna, y esa vida está en su Hijo. El que tiene al Hijo, tiene la vida; el que no tiene al Hijo de Dios, no tiene la vida.

1 Juan 5:11-12, NVI

Tu decisión de recibir o rechazar al Señor Jesucristo determinará dónde pasas la eternidad.

Anne Graham Lotz

Si eres creyente, tu juicio no determinará tu destino eterno. La obra terminada de Cristo en el Calvario fue aplicada a ti en el momento en que aceptaste a Cristo como Salvador.

Beth Moore

Apenas puedo creerlo. Yo, con dedos secos y doblados, músculos atrofiados, rodillas torcidas, y ninguna sensación de los hombros para abajo, un día tendré un cuerpo nuevo, ligero, brillante y vestido de justicia, poderoso y deslumbrante.

Joni Eareckson Tada

El tiempo es ahora

Dios te ofrece vida abundante y vida eterna. Acepta su regalo hoy.

WORTHY®
Latino

Si le gustó este libro,
¿consideraría compartir el mensaje con otros?

- Mencione el libro en un post en Facebook, un update en Twitter, un pin en Pinterest, o una entrada en un blog.

- Recomiende este libro a quienes están en su grupo pequeño, club de lectura, lugar de trabajo y clases.

- Visite Facebook.com/WorthyPublishingLatino, dé "ME GUSTA" a la página, y escriba un comentario sobre lo que más le gustó.

- Escriba un Tweet en @WorthyPubLatino sobre el libro.

- Entregue un ejemplar a alguien que conozca y que sería retado y alentado por este mensaje.

- Escriba una reseña en amazon.com, bn.com, goodreads.com o cbd.com.

Puede suscribirse al boletín de noticias de Worthy Latino en WorthyLatino.com

 PÁGINA EN FACEBOOK
DE WORTHY LATINO

SITIO WEB DE
WORTHY LATINO